Bernard Lafrenière, c.s.c.

Le frère André

selon les témoins

À Jeanne, ma mère,
qui a connu le frère André
et qui en parlait comme d'un ami.

Bibliothèque nationale du Québec.
Bibliothèque nationale du Canada.
Dépôt légal – 4ième trimestre 1997.
ISBN 2-920067-13-3

Imprimé au Canada.

3800, chemin Queen Mary
Montréal, QC
Canada H3V 1H6 Tél.: (514) 733-8211

Bernard Lafrenière, c.s.c.

Le frère André

selon les témoins

Traduit de l'américain par l'auteur.

Sept conférences
à des
Religieux de Sainte-Croix
à Austin, au Texas

Données de catalogage avant publication

Lafrenière, Bernard, 1938
Le frère André selon les témoins
Traduit de l'américain par l'auteur.

Titre original :
Brother André According to Witnesses
Étude biographique, 1990

ISBN 2-920067-13-3

1. Frère André, 1845-1937 2. Vie chrétienne — Église catholique. 3. Oratoire Saint-Joseph, Montréal — Histoire. 4. Religieux — Canada — Biographies.
I. Lafrenière, Bernard, 1938- II Titre.

Le bienheureux frère André en 1912, à l'âge de 67 ans.
Né le 9 août 1845, il mourut le 6 février 1937.

Table des matières

Introduction

Nous admirons avec raison le succès des artistes, des médaillés d'or, des savants, des chefs d'État. Leurs réalisations stimulent notre imagination bien au-delà des limites de nos horizons quotidiens.

Les saints jouent un rôle semblable. Non seulement sont-ils nos amis influents auprès de Dieu, mais leurs rêves et leurs façons de voir inspirent notre engagement chrétien.

Quand le frère André est mort le 6 janvier 1937, tous savaient qu'il était un saint et personne ne voulait que sa mémoire soit idéalisée, changée, ni oubliée d'aucune manière. C'est pourquoi un tribunal ecclésiastique fut chargé d'interroger les meilleurs témoins.

En huit ans, quarante-neuf d'entre eux ont répondu à une longue série de questions. Leurs réponses furent notées en sténographie puis transcrites afin que chacun puisse relire, puis corriger et signer ses déclarations sous serment. Un total de 3 335 pages d'information de première main fut ainsi consignée par écrit. Un second tribunal désigné par Rome mena une enquête semblable en 1962 et 22 témoins ajoutèrent encore 900 pages de réponses à des questions encore plus précises. Peu de personnes nous sont aujourd'hui mieux connues que l'humble fondateur de l'oratoire Saint-Joseph.

Les sept conférences qui suivent ont été préparées à l'intention des frères de Sainte-Croix de l'université Saint-

Edward à Austin, au Texas. Ce qu'elles racontent est fondé sur plusieurs biographies, mais surtout sur ce que les témoins ont dit en leurs propres mots.

Plusieurs d'entre eux ont très bien connu le frère André et sont entrés, pour ainsi dire, dans l'intimité de son âme et de son cœur. Ils nous offrent, en plus de la relation précise des faits, leur perception de son patrimoine religieux, celui de la congrégation de Sainte-Croix.

Puissent les lecteurs et lectrices trouver autant de plaisir à parcourir ces textes que j'en ai eu à présenter le frère André à ses confrères du Texas.

Bernard Lafrenière, c.s.c.

L'Oratoire Saint-Joseph du Mont-Royal
attire plus de deux millions de visiteurs par année.

Le frère André en compagnie de son premier biographe,
le colonel George H. Ham, en janvier 1921.

L'homme aux miracles

Celui qui écrit aujourd'hui sur le frère André se sent un peu comme un interprète de quatrième génération en train d'expliquer l'analyse déjà faite par des auteurs d'après ce que les témoins racontaient il y a cinquante ans.

Heureusement, des gens qui l'ont bien connu nous ont laissé des écrits sur sa vie et son œuvre. Le premier fut le père Georges-Auguste Dion, qui publia une chronique dans les *Annales de Saint-Joseph* à partir de 1912.

Georges-A. Dion, c.s.c.
1852-1918

Il avait été procureur de la Congrégation de Sainte-Croix à Rome, de 1892 à 1896, et il rédigeait des articles pour les *Annales de l'Association de Saint-Joseph,* une revue de Sainte-Croix fondée en France en 1870. C'était l'année de l'entrée du frère André en communauté.

Le père Dion devint ensuite supérieur provincial au Canada. C'est lui qui autorisa la construction du premier oratoire. Il était grand, sérieux, plutôt impressionnant, alors que le frère André était humble et petit de taille ; mais le respect mutuel fit que le père Dion devint son plus fidèle défenseur.

En Europe, le ministre de l'Instruction publique et des cultes, Émile Combes, poursuivait ses réformes. Élu chef du gouvernement, il fit voter la célèbre loi du 7 juillet 1904 qui chassa les communautés de France et fit fermer plus de deux mille écoles. Alors les sœurs, les frères et les pères de Sainte-Croix s'embarquèrent pour le Canada et les États-Unis. Leurs *Annales de l'Association de Saint-Joseph* parurent pour la dernière fois en août 1903. Mais neuf ans plus tard, le père Dion les fit renaître à l'oratoire du mont Royal. Il y publia ses chroniques sur les débuts de l'œuvre du frère André.

Deux volumes furent ensuite rédigés en 1922. Le premier était l'œuvre d'un protestant, le colonel George H. Ham, directeur de la publicité du Canadien Pacifique, et l'autre, de Arthur Saint-Pierre, professeur de sciences sociales à l'Université de Montréal. Ce dernier avait déjà signé une longue étude sur la guérison d'un Irlandais de Québec, Martin Hannon, survenue le 9 janvier 1910 et rendue publique le lendemain par le quotidien *La Patrie.*

À la même époque, un catholique américain, William H. Gregory, rédigea un autre volume « pour les pèlerins américains ». *Brother André of Saint Joseph's Oratory* fut imprimé à New York en 1925.

Ces trois livres et les chroniques étaient les seuls écrits publiés sur le frère André lorsqu'il mourut en 1937. C'est alors que le père Henri-Paul Bergeron rédigea une biographie aujourd'hui très répandue. La réimpression de 1987 comprenait 123 489 exemplaires pour une période de cinq ans. Ainsi, le frère André pourrait bien être le citoyen cana-

dien le plus célèbre de son époque, car peu de gens, même les plus populaires, susciteront encore un pareil intérêt cinquante ans après leur mort.

Aujourd'hui, nous lisons chacun de ces livres avec plaisir mais nous sommes conscients qu'un livre, comme un verre teinté ou une grille, colore et interprète les événements. Derrière chaque phrase, nous sentons la parole d'un témoin ou d'un ami qui a partagé le rêve du frère André, qui a pris part à sa prière et au développement de son œuvre.

Nous réalisons ici la longue expérience de l'Église qui offre aux témoins l'occasion de raconter, puis de relire et de corriger sous serment ce qu'ils connaissent sur la vie d'un Serviteur de Dieu. Le procès de béatification est une méthode précise qui établit l'exactitude des faits.

Dans les pages qui suivent, nous chercherons donc à citer le plus possible des extraits de ce que les témoins disaient eux-mêmes en leurs propres mots.

Les miracles

Au Québec, si on demande aux gens : « Qui était le frère André ? Qu'est-ce qu'il y avait de spécial dans sa vie ? » la réponse la plus fréquente est qu'« il faisait des miracles ». Si quelqu'un dit : « Je ne suis pas capable, je ne suis pas le frère André », cela veut dire : « Moi, je ne fais pas de miracle ».

Ainsi le nom du frère André est lié à la notion de miracle. Il n'est pas étonnant que le colonel Ham a donné pour titre à sa première biographie : « L'homme aux miracles de Montréal ».

The Miracle Man of Montreal

By
George H. Ham

Author of "Reminiscences of a Raconteur"

With a glowing tribute to the Miracle Man
by S. Morgan Powell.

En relisant les milliers de pages des actes du procès de béatification, nous remarquons encore que la notion de miracle revient partout. Les témoins répondent à chaque question au meilleur de leur connaissance, mais là où ils deviennent intarissables, c'est à la question 50, celle qui porte sur les guérisons. Par exemple, le premier témoin répond à quarante-neuf questions en vingt pages. Mais il a besoin d'encore vingt pages pour répondre à cette question 50.

Qu'est-ce qu'un miracle?

Avant d'examiner leur témoignage, il est bon de nous demander : « Qu'est-ce qu'un miracle dans la théologie et la tradition chrétiennes ? » Cette notion touche en effet quelque chose de très profond, peut-être l'intuition fondamentale de la présence de Dieu.

La Bible unit intimement le miracle et la foi. Dans l'Évangile, qui fut rédigé en grec, deux mots désignent le miracle : « *sèmeion* » et « *dunamis* ». Le premier signifie un « signe » et le deuxième, un acte de « puissance ». Deux mots français qui viennent du grec nous mettent d'ailleurs sur la piste : la *sém*• antique est l'étude de la *sign*• ification des mots et le *dynamis*• me est une forme de *puissance*. Le miracle apparaît donc dans la langue même de l'Évangile comme un acte de PUISSANCE et un SIGNE de Dieu.

En dehors de la Bible, l'étude des religions comparées utilise un mot qui nous éclaire aussi. C'est un mot emprunté aux langues des îles du Pacifique, qui semble désigner le fondement de toute religion : le MANA désigne une puissance surnaturelle bienfaisante. La Bible en polynésien l'emploie pour désigner le miracle. La même notion se retrouve jusqu'en Océanie et ailleurs. Même nos aborigènes nord-américains, qui sont établis ici depuis environ 29,000 ans, croyaient en une puissance surnaturelle que les Algonquins de Montréal appelaient « Manitou ».

Nous savons donc que des milliers d'années avant le Christ, les humains cherchaient Dieu et percevaient des SIGNES de sa PUISSANCE. Élie et Élisée faisaient des miracles au neuvième siècle avant Jésus-Christ. [1] Les Évangiles et les Actes des apôtres font état de miracles et on les

---

[1] Voir le premier livre des Rois, chapitre 17, et le second, chapitres 2 à 5. Élie fait un miracle au profit d'une veuve qui le nourrit en temps de famine : sa jarre de farine et sa fiole d'huile ne s'épuisent pas. Puis Élie ressuscite le fils de cette veuve. De la même manière, Élisée ressuscite le fils d'une veuve après avoir prié Dieu. Puis la fiole d'huile de cette femme coule jusqu'à ce qu'elle ait remboursé toute sa dette. Le prophète purifie les eaux du Jourdain, multiplie les pains et guérit la lèpre de Naaman, le Syrien.

retrouve ensuite à travers toute l'histoire de l'Église, jusqu'à aujourd'hui. [1]

Deux erreurs communes

Il y a deux erreurs assez fréquentes au sujet du miracle. La première est de vouloir s'approprier et dominer le *Mana*. Des magiciens ont voulu le faire dans toutes les cultures, mais le Dieu de la Bible ne s'est jamais soumis aux magiciens.

Le Collège Notre-Dame à la Côte-des-Neiges, de 1869 à 1882.

Une erreur plus fréquente encore est de chercher dans un miracle la preuve ou le pré-requis de la foi. On dira : « Si je ne vois pas de miracle, je ne croirai pas. » L'Évangile dit

---

[1] Les Évangiles racontent 35 miracles de Jésus, dont 17 sont des guérisons physiques. Saint Pierre et saint Paul ont fait des miracles et de nombreux saints les ont suivis : saint Macaire en Égypte, sainte Brigide en Irlande, saint Antoine de Padoue en Italie, saint Vincent Ferrier en Espagne, saint Martin de Tours en France, et bien d'autres.

le contraire : « Dans cette ville, Jésus n'accomplit que peu de miracles à cause de leur manque de foi. » [1] Le miracle n'est donc pas la preuve qui vient confirmer la foi, c'est au contraire la foi qui rend le miracle possible, et il n'est visible que pour ceux et celles qui ont la foi. Le frère André les a rendus possibles parce qu'il était croyant.

Voyons maintenant ce qu'en ont dit les témoins.

Les premières guérisons

Le frère André vers l'âge de 30 ans.

Il est difficile de préciser quand furent signalées les premières guérisons. Il semble que ce fût très tôt, au début de la vie religieuse du frère André. Un document publié en France lorsqu'il avait trente-deux ans, rapporte des faits survenus l'année précédente.

C'est le frère Michel Giraudeau qui envoya la lettre suivante au directeur des *Annales de l'Association de Saint-Joseph,* la revue de Sainte-Croix mentionnée plus haut :

---

[1] Matthieu 13, 58. Aussi «Et il ne put faire là aucun miracle, si ce n'est de guérir quelques malades en leur imposant les mains, et il s'étonnait de leur manque de foi.» Marc 6, 5-6.

«Le dimanche 31 mars [1878] je me fis conduire à la Côte-des-Neiges pour la réunion ordinaire du conseil provincial. Là, je demande au petit frère André de me procurer un peu d'huile dont il m'avait dit des merveilles. Le bon frère André ne se crut pas autorisé à m'accorder l'objet de ma demande, et pour l'obtenir, il me fallut recourir au frère Ladislas qui avait un pouvoir plus grand en sa qualité de sacristain de Notre-Dame. Le soir, je versai quelques gouttes de ma précieuse fiole sur la plaie de ma jambe en priant saint Joseph de me guérir et lui promettant, si j'étais exaucé, de communier le lendemain en action de grâces. À mon réveil, je ne ressentais plus aucune douleur à la jambe, et au bout de deux jours, je vois ma plaie cicatrisée.»

L'auteur de cette lettre fut l'un des premiers missionnaires envoyés de France par le père Basile Moreau en 1847. Le groupe comprenait huit frères, quatre sœurs et deux prêtres [1] dont la plupart avaient une vingtaine d'années. Le frère Michel en avait dix-neuf et ne retourna jamais dans son pays. Il devint l'un des piliers de Sainte-Croix au Canada et fut un excellent ami du frère André. Il mourut en 1900, quatre ans avant la construction de la première chapelle sur le Mont-Royal.

Michel Giraudeau, c.s.c.

[1] L'évêque de Montréal, Mgr Ignace Bourget, avait d'abord demandé des frères enseignants, mais les sœurs, les frères et les pères de Sainte-Croix avaient été fondés pour travailler ensemble. Un prêtre était chargé du groupe, les membres collaboraient aux œuvres et avaient part à un même budget. Parmi les nouveaux arrivants, Louis et Clarisse Vermont étaient frère et sœur, ce qui facilitait encore la collaboration.

Michel Giraudeau écrivait bien. C'est lui qui a raconté l'arrivée de Sainte-Croix au pays. En mai 1878, quand il s'adressa au directeur des *Annales de l'Association de Saint-Joseph,* il avait cinquante ans et il était membre du conseil provincial. Dans sa lettre, il racontait quatre cas survenus plus tôt, alors que le frère André avait trente ou trente-et-un ans.

« Je ne suis pas le seul qui ait été guéri par l'huile de saint Joseph. L'année dernière, le frère Alexandre avait à la jambe un mal plus grave que le mien. Toute la jambe était enflée, noire et livide. Le pauvre patient ne pouvait se tenir debout et tous les remèdes avaient été impuissants. Une neuvaine est commencée pendant laquelle le malade fait chaque jour des onctions sur sa jambe avec l'huile de saint Joseph et se voit tout à coup guéri d'un mal à l'état chronique. »

Le frère Michel donnait en troisième lieu le cas suivant :

Le Collège de Saint-Laurent de 1862 à 1882.

« Un domestique de notre maison [le collège de Saint-Laurent] Joseph Bouthiller, avait au bras un rhumatisme qui en paralysait complètement l'action. Le frère André lui conseille de se frictionner avec de l'huile de la lampe de saint Joseph. Le conseil est suivi et le même jour, M. Bouthiller, à sa grande surprise, recouvre l'usage de son bras. »

Voici le quatrième fait :

« Un bon père de famille qui n'avait que son travail journalier pour faire vivre sa famille, M. Cadot de la Côte-des-Neiges, était atteint d'une ophtalmie des plus dangereuses. Ses yeux enflammés ne pouvaient supporter la lumière. Il y met pour tout collyre de l'huile de saint Joseph, et le deuxième jour, il est guéri et reprend ses travaux en bénissant le père nourricier de Jésus. »

Enfin le frère Michel racontait un cinquième cas :

« Mme Grenier était atteinte de la diphtérie, cette terrible maladie qui jette l'épouvante, la désolation et la mort dans les familles. Elle perdait tout espoir de guérison quand on lui donna de l'huile de saint Joseph. Elle s'en fit des onctions sur la gorge. Sa confiance dans le saint protecteur des familles chrétiennes fut aussitôt récompensée. Elle guérit et la funeste contagion disparut. »

Le frère terminait sa lettre en disant : « Je m'arrête, je ne finirais pas si je voulais raconter toutes les merveilles opérées ici par notre bon et puissant saint Joseph. » Sa lettre était datée du 9 mai 1878.

Ces guérisons nous intéressent surtout parce que le frère André était encore jeune : il avait fait ses vœux perpétuels le 2 février 1874.

Vingt-six ans devaient s'écouler entre cette publication et la construction de la première chapelle de bois.

D'autre part, des guérisons furent signalées dès 1877, au début de la vie religieuse du frère André, et elles se sont poursuivies jusqu'à sa mort en 1937, soit sur une période de soixante ans.

En Sainte-Croix

Le frère André n'a pas répandu la dévotion à saint Joseph de sa propre initiative. Il l'a fait à la suite du pape Pie IX, qui le désigna comme Protecteur de l'Église universelle le 8 décembre 1870, en s'ajustant assez fidèlement à la tradition de sa communauté.

Le père Jacques-F. Dujarié
1767-1838

C'est un curé de paroisse, l'abbé Jacques-François Dujarié, qui a d'abord fondé les Frères de Saint-Joseph en 1820, pour enseigner dans les villages ravagés par la Révolution. En 1837, les frères s'unirent à la communauté de prêtres auxiliaires fondée par le père Basile-Antoine Moreau dans la commune de Sainte-Croix, près de la ville du Mans, à environ 200 km au sud-ouest de Paris. En 1841, le père Moreau ajouta une branche féminine à sa congrégation de Sainte-Croix.

Le fondateur avait rêvé d'établir un pèlerinage à saint Joseph à la Charbonnière, la maison de ferme située près du Mans où était logé le noviciat des frères. Mais la prière à saint Joseph était déjà bien ancrée chez les frères depuis la fondation par le père Dujarié.

Les chroniques racontent, par exemple, que durant le noviciat du frère André, une épidémie de grippe se déclara. Le maître des novices fit placer une statue de saint Joseph bien en vue et invita les jeunes à faire avec lui une neuvaine au patron de la communauté. L'épidémie cessa, les malades furent guéris et reprirent leurs activités régulières.

Telle est la prière confiante qu'on enseignait aux jeunes membres de Sainte-Croix à cette époque. Beaucoup d'autres religieux aimaient saint Joseph et le priaient avec la même confiance dans tous leurs besoins.

Les élèves du collège Notre-Dame se rappelaient plus tard que le frère André, quand il leur coupait les cheveux ou dans ses conversations avec eux, parlait souvent du protecteur de Jésus. Les jeunes aimaient le frère André surtout dans ses premières années, alors qu'il était plus proche d'eux. C'était un homme sans instruction mais vif et sensible, un peu taquin et pourtant profondément intéressé aux personnes et à leurs besoins. Des élèves du collège se sont liés d'amitié avec lui pour la vie.

Les guérisons miraculeuses

Une tradition de la communauté raconte qu'au début, quand le frère André était jeune religieux, un élève eut une forte fièvre et le médecin le mit au lit à l'infirmerie. Le frère André le regarda et lui dit : « Lève-toi, petit paresseux, tu n'es pas malade. Va jouer avec les autres ! » L'enfant n'eut

Une classe du Collège Notre-Dame en 1903.

pas à se le faire dire deux fois : il sauta hors du lit, s'habilla et alla jouer dans la cour avec les autres. Toute trace de fièvre avait disparu. Interrogé par le supérieur, le frère André expliqua que saint Joseph avait guéri l'enfant.

Le cas est assez typique de la manière et du langage du frère André : « Lève-toi, petit paresseux : tu n'es pas malade ! » Il faut dire que, chez nos ancêtres, de telles formules étaient le plus souvent des termes d'affection. Notons aussi qu'il fut chargé de l'infirmerie dès son noviciat, en juillet 1871, deux mois avant d'être nommé portier du collège.

Le onzième témoin au procès de béatification fut le père Albert Cousineau, alors supérieur général de Sainte-Croix. Il signa le récit suivant : « Un autre fait extraordinaire survenu en 1884, dont le frère Émery, qui est encore vivant, a été témoin, est rapporté en communauté. Une femme qui souffrait de rhumatisme était venue pour voir directement le frère André qui, à ce moment, était occupé à brosser le plancher. Or, on en prévint le frère André qui se contenta de dire : "Qu'elle marche !" et comme on insistait, tout en continuant de travailler, le frère André reprit à l'adresse de la femme : "Vous n'êtes plus malade, vous pouvez vous en retourner." Cette femme s'en retourna guérie. »

Selon les témoins de l'époque, c'est vers 1884 que des malades de plus en plus nombreux commencèrent à se présenter à la porte du collège pour être guéris. Le frère André a donc vécu avec cette réputation de guérir les malades pendant cinquante-trois ans.

Revenons à ce que les témoins déclaraient durant le procès de béatification, au début des années 1940.

Dans les mots des témoins

Le frère André en 1912.

L'un d'entre eux déclara : « J'ai été témoin d'un miracle fait par le frère André. Il avait dit à un malade qu'on lui avait amené lié sur une civière : "Marchez, marchez," et il entra au presbytère sans plus s'occuper de la chose. Le malade marcha, il était guéri. Il y eut alors une grande animation dans la foule présente et le frère André n'était plus là. Il était probablement à son dîner. » Selon son habitude, il n'avait pas voulu que l'attention des gens s'arrête sur lui.

Il souhaitait pourtant que les guérisons soient connues : « Une guérison, disait-il, ça fait du bien non seulement à la personne qui est guérie, mais à toutes les autres qui en entendent parler. »

Voici un autre souvenir du même témoin : « Un jour, un homme vint voir le frère André et lui dit : "Quand je prie saint Joseph, je n'obtiens rien; quand je vous demande des faveurs, je les obtiens." Le frère André s'est mis à frissonner, et a fait mettre à la porte cet homme. »

Ceci révèle encore une attitude du frère André. Il s'est fâché lorsque des gens insistaient pour lui attribuer leur guérison. Le fait que les faveurs venaient de Dieu, par saint Joseph, et non de lui, était essentiel à ses yeux et il a mis toutes ses énergies à le défendre, allant jusqu'à la colère.

Au cours du procès de béatification, l'avocat du diable s'est demandé si de telles colères ne révélaient pas un défaut, un manque de vertu de force. Dans notre réponse, nous citions les gestes de Jésus face aux marchands du Temple, au deuxième chapitre de saint Jean : « Il se fit un fouet avec des cordes et les chassa tous du Temple avec leurs brebis et leurs bœufs ; il dispersa la monnaie des changeurs, renversa leurs tables ... » Jésus qui savait être doux pour les malades et les pauvres, fit preuve de beaucoup d'énergie lorsqu'il fallait défendre un point essentiel.

Un autre exemple de paroles vives de Jésus se trouve au 23e chapitre de saint Matthieu, où les pharisiens et les scribes sont traités d'hypocrites à sept reprises, puis de guides aveugles, de serpents et d'engeance de vipères. Il faut bien nous rendre compte que ceux que Jésus fustigeait de la sorte étaient les autorités religieuses de son temps. Son langage était au moins aussi vif que celui du frère André quand il mettait à la porte l'homme qui réduisait les SIGNES de Dieu à de simples pouvoirs humains.

En 1910, à l'âge de 65 ans.

« Un jour, le chapelain du roi d'Angleterre vint voir le frère André et lui dit que le roi lui avait dit de venir le saluer. Le frère André parla avec lui deux ou trois minutes et lui dit : "Excusez-moi, il y a beaucoup de malades." » Avec son bon sens paysan, le frère n'avait pas été impressionné outre mesure par les salutations du roi, et le témoin ajoute : « Il m'a toujours semblé s'occuper des pauvres plus que des riches. »

Voici un autre fait raconté par le même témoin.

« M. Sénécal, âgé d'une trentaine d'années, travaillait pour le chemin de fer, le Grand Tronc, et avait subi un accident de travail. Il se décida à aller voir le frère André un an après son accident. Il avait une plaie à la jambe qui allait de la cheville au genou. Après un examen à l'Hôpital Général, les médecins décidèrent qu'il fallait lui couper la jambe, parce que l'os était noir de la cheville au genou. Par deux ou trois fois, il alla pour subir l'opération, et comme il n'y avait pas de place à l'hôpital, il devait chaque fois retarder cette amputation. Le frère André lui conseilla donc de venir demeurer avec lui à l'Oratoire. Il me parlait en pleurant de l'état de santé de M. Sénécal. Il me disait que la nuit surtout sa plaie sentait mauvais, et que M. Sénécal était trop malade pour qu'il puisse laisser la fenêtre ouverte. C'était en octobre.

« Un soir, le frère André supplia saint Joseph d'intercéder par le Précieux Sang de Notre-Seigneur pour qu'il y eût un changement. Tout à coup, M. Sénécal se sentit mieux et se leva. Et après que la prière de la neuvaine fût finie, il se mit à danser de joie.

« Le lendemain un laïque, ami du frère André, alla avec M. Sénécal à l'Hôpital Général voir les médecins qui l'avaient examiné auparavant. Les médecins ne voulurent jamais le reconnaître, malgré toutes les preuves d'identification que M. Sénécal leur donnait, parce que, disaient-ils, il n'était pas possible que l'os de la jambe soit si blanc quand il avait été si noir. »

Voici une autre guérison racontée par un témoin.

« J'avais conduit au frère André Mme Pierre Forest, de Joliette, qui avait un bras ankylosé depuis une couple de mois à la suite de la naissance d'un bébé. Elle souffrait beaucoup et ne pouvait dormir. Je demandai au frère André de la frictionner avec la médaille ou au moins de toucher à son poignet malade. Il refusa et me dit de le faire. »

Plusieurs années plus tôt, on avait reproché au frère André d'avoir frictionné le bras d'une petite fille, même en présence de ses parents. Le supérieur lui avait alors conseillé d'être prudent pour éviter à l'avenir toute critique inutile.

« Je la frictionnai donc, dit le témoin, tout en regardant le frère André. Et quand il ferma les yeux, le bras de la malade appuyé sur une chaise tomba, et elle était guérie. C'était au début de l'Oratoire. »

Le père Clément, qui racontait le fait suivant, fut le premier prêtre au service des pèlerins de l'Oratoire.

Adolphe Clément, c.s.c.
1874-1940

« Un homme s'était fait écraser les deux pieds au point que seule la peau semblait les tenir attachés au corps. Il se fit transporter à l'Oratoire, et pour ce faire, il s'était fait mettre les pieds dans deux boîtes de bois pour qu'on ne pût le faire trop souffrir en lui touchant aux pieds. »

Notons que la chirurgie du temps était moins avancée qu'aujourd'hui et que les pauvres, souvent, n'y avaient pas accès. Des blessés devenaient infirmes. Le témoin poursuit :

« Le frère André se mit à le frictionner sur ces boîtes de bois. Le père Clément lui dit en le voyant faire : "Qu'est-ce que vous faites là ? Croyez-vous qu'en frottant sur ces planches, vous allez lui faire pousser des pieds ?" Le frère André continua durant trois ou quatre jours, je crois, et il dit à son malade : "Maintenant, nous allons enlever ces boîtes ; je crois que vos pieds sont très bien." Il ouvrit les boîtes et les pieds étaient guéris. »

Le cas est intéressant parce que le frère André était bien adapté aux gens. Le père Clément réagit devant la naïveté de la situation tout en respectant la manière de faire du frère André, et ce dernier, une fois de plus, avait raison.

Son sens de l'humour

Un autre trait caractéristique du frère André était son sens de l'humour. Même s'il savait à peine lire et écrire, il était intelligent, vif d'esprit pour saisir les situations amusantes. Voici quelques exemples racontés par les témoins durant sa vie et au cours du procès de béatification.

Le 19 avril 1927.

Il aperçut un jour une femme en train de cueillir des fruits qui n'étaient pas mûrs dans un pommier de l'Oratoire. Puis elle entra dans son bureau : « Guérissez mon mal d'estomac.» Le frère André la regarda et lui dit : « Priez saint Joseph, et puis... mangez des petites pommes vertes ! » La dame s'en retourna, toute confuse de s'être ainsi laissée prendre.

Les malades qui visitaient le frère André n'avaient pas toujours l'esprit aussi vif que lui. Voici un autre exemple :

« Un matin, j'étais avec le frère André dans son bureau. Un jeune homme arriva, souffrant à une jambe. Il dit au frère

André: “Ça fait plus d’un an que je viens à l’Oratoire, je finis une neuvaine aujourd’hui, et si ça ne va pas mieux, je vais me faire couper la jambe !” Le frère André lui offrit de téléphoner pour lui au chirurgien, puis lui fit faire la comparaison entre les voyages qu’il avait faits à l’Oratoire et chez le médecin. Il lui demanda de faire une autre neuvaine en ajoutant: “Et si à la fin de la neuvaine, votre jambe n’est pas mieux, je vous la couperai moi-même.”

« Je vis cet homme sortant du bureau du frère André et je le raisonnai, lui faisant comprendre que le frère André lui promettait, en somme, de le guérir. Je l’envoyai faire des excuses au frère André, et il lui promit de faire la neuvaine demandée. Le frère André lui dit les mêmes paroles que plus haut. Je n’ai pas revu le jeune homme, mais j’ai entendu dire que, dès le septième jour de la neuvaine, il était guéri. »

Le même témoin raconte une autre histoire :

« M. Émile Laporte, âgé de 26 ans, était repasseur dans une manufacture de Joliette. Il commença à avoir les pieds enflés, et un médecin qui fut appelé lui dit qu’il avait fini de travailler, qu’il pouvait mourir très vite de cette maladie ou traîner. Je l’amenai moi-même voir le frère André. Ce dernier causa un peu amicalement avec lui. Il lui demanda ensuite quels mouvements de la jambe il fallait faire pour travailler sur cette presse mécanique, machine pour repasser et presser les habits. Le jeune homme fit les mouvements, agitant sa jambe de haut en bas. Je fis remarquer alors au frère André qu’il pouvait très bien commencer à travailler. Le frère André répondit que oui, demandant ensuite à M. Laporte de revenir le lendemain le voir seul. M. Laporte retourna ensuite à Joliette et continua son travail. »

Les non catholiques

Le frère André en 1920.

On a souvent répété que le frère André faisait de l'œcuménisme par simple bon sens, à une époque où le mot lui-même était à peine connu. Plusieurs témoins ont signalé que son entourage était surpris de le voir consacrer beaucoup de temps à l'accueil de protestants, de Juifs, de francs-maçons, de personnes considérées à l'époque comme des adversaires de l'Église catholique. En plus de les accueillir, il entrait dans leurs maisons et les guérissait.

Voici encore un récit dans les mots du témoin :

« Le frère André m'a rapporté un jour, en revenant d'un voyage aux États-Unis, qu'un prêtre lui avait demandé d'aller voir un malade qui appartenait à la franc-maçonnerie. Le frère André lui montra une médaille de saint Joseph et lui dit que beaucoup de personnes avaient été guéries en se frictionnant avec cette médaille. Le frère André se mit à le frictionner, et à un moment donné le frère André sentit que le malade lui passait le bras autour du cou. Il continua à le frictionner et le malade devint mieux. »

Bon nombre de guérisons ne furent pas instantanées. Il fallait parfois que le frère André insiste pour que les gens soient raffermis dans leur foi et guéris. Voici un autre cas impliquant un franc-maçon :

« Nous nous étions arrêtés un soir, le frère André et moi, chez un M. Lefebvre. Le frère André m'avait dit qu'il était paralysé. Le frère entra dans sa chambre et je restai avec Mme Lefebvre dans une autre pièce. Elle me raconta que son mari était un franc-maçon, qu'il détestait les prêtres et les religieux. M. Lefebvre ne parlait pas à cause de sa paralysie. Le frère André avait essayé de lui faire dire les noms de Marie, Joseph, mais en vain. J'entendais parler le frère André avec le malade.

« En sortant de la maison, je dis au frère André : "C'est un franc-maçon." Le frère André ne me répondit pas. Mais il ajouta ensuite : "Il ne parlera pas tant qu'il n'aura pas prononcé les noms de Jésus, Marie, Joseph." Il fut ainsi paralysé de la langue durant deux ans. Le curé de Saint-Nicolas le visitait de temps en temps. Un jour il lui dit : "C'est bien dommage, tu vas mourir sans sacrements et ton corps ne pourra pas entrer dans l'église après ta mort."

« Le lendemain, M. Lefebvre écrivit sur un papier qu'il voulait voir le curé. Celui-ci vint et dit que l'homme voulut commencer sa confession. Il recouvra l'usage de la parole. Il revint mieux, et il a vécu plusieurs années après sa guérison. »

Le moins qu'on puisse dire est que cet homme-là était difficile à guérir !

Le frère André souffrait de maux d'estomac, et lorsque la douleur le tenaillait, sa patience était plus limitée. En voici un exemple raconté par M. Joseph Pichette :

« Une dame protestante vint voir le frère André à l'Oratoire. J'étais avec lui dans le bureau. Elle parlait toujours et le frère André ne parvenait pas à glisser un mot. À un moment donné, il lui dit : "Si vous n'avez pas besoin de moi, si vous ne voulez pas m'entendre, vous pouvez sortir !" Et il sonne la clochette pour faire entrer d'autres personnes. Les larmes aux yeux, le frère André se retourna

L'intérieur de la chapelle primitive en 1909.

vers moi et me dit : "Si cette personne endure bien ce que je viens de faire, elle sera guérie." Et une dizaine de minutes plus tard, cette femme revint pour remercier le frère André. Elle était guérie. »

Voici une autre guérison survenue pendant qu'il visitait sa famille dans le Rhode Island. Il avait gardé un bon souvenir des États-Unis et y passait habituellement quelques semaines par année au printemps et à l'automne.

« M. Lionel Ménard se faisait traiter depuis longtemps par un médecin. Il souffrait de la tuberculose des os et de la colonne vertébrale, m'a-t-il dit en me racontant son cas. On lui offrit de le mener voir le frère André qui était à ce moment près de là, aux États-Unis. Il refusa, disant qu'il n'avait aucune confiance au frère André. Sur les instances de sa femme et d'un de ses amis qui s'offrait à l'y conduire, il accepta. M. Ménard ne marchait que difficilement avec des béquilles. Il vit le frère André et lui dit qu'il portait un corset de plâtre.

« Le frère André, après avoir parlé avec lui, lui dit : "Donnez-moi vos béquilles et commencez à marcher." L'autre hésita et à la fin, le frère André prit les béquilles et M. Ménard se mit à marcher. Il demanda au frère André de lui enlever son corset de plâtre. Ce dernier lui dit qu'il passerait demain devant sa maison et qu'il y verrait. Le lendemain, le frère André lui dit : "Pourriez-vous venir cet été à Montréal ?" Monsieur Ménard lui dit : "Oui."

« Le spécialiste qui le soignait avertit Mme Ménard que son mari mourrait bientôt. Pourtant l'homme vint à Montréal, l'été suivant, voir le frère André. Il marchait tout

Vue d'ensemble de l'Oratoire Saint-Joseph en 1912.

courbé. Le frère André me le présenta et pendant qu'il s'occupait d'autres malades, M. Ménard me montra son dos. Il avait une plaie grande comme le poing. Quelques minutes auparavant, le frère André lui avait enlevé son corset de plâtre et l'avait frictionné.

« Durant quinze jours ou trois semaines, l'homme revint à l'Oratoire se faire frictionner par le frère André et au bout de ce temps, son épine dorsale était droite. Il marchait normalement. M. Ménard retourna chez lui, aux États-Unis, et à tous les ans il venait à l'Oratoire. Le frère André le visitait aussi de temps en temps et m'en donnait des nouvelles. Il était complètement guéri. »

Comme au temps de Jésus

Il est arrivé que plusieurs guérisons se produisent le même jour, et l'on peut imaginer que l'atmosphère du Mont-Royal pouvait ressembler à celle de Capharnaüm au temps de Jésus. Des gens ont même oublié de dire merci. Un témoin a raconté le deux faits suivants :

« Vers 1911, un dimanche après-midi, je vis un jeune homme qui marchait sur des béquilles. Ses jambes semblaient mortes, elles se balançaient chaque fois qu'il fait un pas sur ses béquilles. Le frère André lui parla et lui dit : "Donnez-moi vos béquilles et marchez." Ce qu'il fit. Énervé, il partit sans remercier le frère André, il descendit les marches et prit le tramway. Nous le suivions des yeux par la fenêtre.

« Une demi-heure plus tard à peine, un homme vint dire au frère André qu'il avait le bras ankylosé, qu'il ne pouvait s'en servir. Le frère André lui dit de mettre son chapeau sur la tête. Il essaya deux ou trois fois et y parvint. Il fit le mouvement plusieurs fois.

« Le frère André lui dit alors : "Faites une neuvaine et vous commencerez par aller vous confesser et communier." L'homme lui dit : "Ça fait vingt-cinq ans que je ne me suis pas confessé." Il disait cela à haute voix. Le frère André lui offrit de venir coucher chez lui en lui disant qu'il lui présenterait un confesseur. L'homme revint le soir, se confessa et communia le lendemain. Sa paralysie disparut. »

Au cours du procès de béatification, un total de 125 cas ont été racontés. Ceux-ci ne sont que quelques exemples.

L'intérieur de la chapelle primitive en 1910.

Détail de l'autel en 1910.

L'Oratoire Saint-Joseph en septembre 1910.

Les débuts de l'Oratoire

Pour retracer les origines de l'Oratoire Saint-Joseph du Mont-Royal, il faut sans doute remonter bien avant l'ouverture de la première chapelle, le 19 octobre 1904. Peut-être au tournant du siècle, quand des pèlerins solitaires priaient dans la montagne, au pied d'une statue de saint Joseph. Peut-être même dix ou quinze ans plus tôt, lorsque les premiers visiteurs priaient avec le frère André à l'entrée du collège Notre-Dame. Car l'Oratoire s'est d'abord développé comme un mouvement de prière.

Dans la prière familiale

Le nom de l'Oratoire vient d'un mot latin, *orare,* qui veut dire prier. Un oratoire est un lieu de prière. C'est dans la prière d'Alfred Bessette que s'est d'abord enraciné son projet d'édifier une chapelle sur le mont Royal.

Sa mère, Clothilde Foisy, a été baptisée à l'église de Saint-Joseph, à Chambly, à une trentaine de kilomètres de Montréal. Le jour de son mariage, le jeune couple ressemblait un peu au foyer de Nazareth : Isaac Bessette fut inscrit comme « maître-menuisier », les deux étaient pauvres et Clothilde n'avait que dix-sept ans. À la maison, on prie saint Joseph en suivant la tradition des ancêtres. C'est dans la prière confiante de ses parents que Alfred découvre peu à peu en saint Joseph un homme qui leur ressemble. En fait,

Isaac et Clothilde s'étaient mariés à l'église Saint-Matthias.

il est presque un membre membre de la famille, et sûrement un compagnon de vie accessible et fidèle. Plus tard, il confiera à un ami : « J'ai toujours eu une grande dévotion envers saint Joseph et je la tiens de ma mère. »

L'essentiel de l'Oratoire s'y trouve déjà. Bien avant la construction du monument de pierre, on le retrouve dans la prière familiale d'Alfred Bessette comme on le verra grandir, quelques années plus tard, dans un vaste mouvement populaire groupé autour du frère André.

Il est bien connu qu'Alfred Bessette, depuis son enfance, priait beaucoup. Les supérieurs de sa communauté hésitèrent à l'accepter comme religieux à cause de sa mauvaise santé. On craignait qu'il ne devienne un fardeau. Le responsable des nouveaux religieux intervint en disant : « Si ce garçon devient incapable de travailler, il saura du moins très bien prier. » Son témoignage fit pencher la balance et c'est ainsi que le frère André devint religieux de Sainte-

Croix. Prier était tout ce qu'il pouvait faire. Mais il le faisait si bien qu'il incitait les autres à prier avec la confiance et la persévérance voulues par l'Évangile.

Un nouveau collège Notre-Dame fut construit en 1882.

La publicité spontanée

Le frère André était un homme simple. On le désigna d'abord comme infirmier puis comme portier du collège. Devant sa foi sans feinte, son affabilité et son bon sens paysan, certains visiteurs risquaient une confidence, ou même l'aveu de leur misère et de leurs faiblesses. Il promettait de prier avec chacun. Les guérisons dont plusieurs furent témoins à l'origine comptèrent pour beaucoup dans les premiers développements de l'Oratoire.

« Le bien ne fait pas de bruit », dit-on souvent. Mais si le bien sort de l'Ordinaire, alors la publicité de bouche à oreille fait son œuvre. Les clients du frère portier envahirent le collège.

La construction de bois ou de pierre n'était pas encore prévue. Pourtant l'Oratoire Saint-Joseph du Mont-Royal existait bel et bien dans les corridors du collège Notre-Dame où passaient malades et infirmes, côtoyant les élèves, dérangeant les professeurs, afin de pouvoir rencontrer, ne serait-ce que quelques instants, le petit frère portier.

La cellule du portier.

Or, ceci causa des problèmes. Plusieurs parents s'étonnaient : « Est-il normal que des malades, peut-être contagieux, circulent librement dans le collège ? Qu'en pensaient le supérieur, et le médecin, et les professeurs ? »

Un mouvement encombrant

Secrètement, le supérieur n'était pas d'accord, et le médecin du collège, le docteur Joseph-Albini Charette, encore bien moins. C'était un homme respecté dans la paroisse et il devint ami du frère André lorsque ce dernier guérit son épouse d'une hémorragie nasale. Mais au tournant du siècle, il ne se gênait pas pour le dénoncer : « C'est un charlatan, disait-il à qui voulait l'entendre. Il ne connaît rien à la médecine et il se mêle de soigner les malades ! »

Un groupe d'élèves du collège Notre-Dame en 1888.

Le directeur des élèves condamnait aussi l'usage de l'huile de saint Joseph : « Ce n'est pas de la prière, disait-il, c'est de la superstition ! » Plusieurs partageaient son avis : « Le frère André, avec son huile, c'est un vieux frotteux, un vieux graisseux ! »

Le supérieur décida de régler le problème en lui interdisant de recevoir les malades. Le frère André obéit à ces directives. Mais les gens, eux, ne l'entendaient pas ainsi. Des personnes de plus en plus nombreuses entendaient parler des merveilles accomplies par saint Joseph à la Côte-des-Neiges, et le portier du collège devait répondre à tout le monde. Les gens continuaient donc à se présenter à toute heure du jour. Il les priait de rester à l'extérieur du collège, dans les parterres, en leur expliquant que le portier avait reçu l'ordre de ne plus les recevoir.

Mais plus les gens affluaient, plus la solution adoptée par le supérieur devenait inapplicable. Ils insistèrent tant et si bien que ce dernier dut revenir sur sa décision et laisser

le frère André accueillir les malades dans une petite gare située en face du collège. Cette solution dura quelques années. Mais ceux qui ne connaissaient pas le règlement se présentaient encore à la porterie du collège.

Enfin, une chapelle

La dernière solution était de dévier tout ce mouvement vers la montagne. Le collège Notre-Dame venait justement d'acquérir un jardin sur le flanc du mont Royal, de l'autre côté de la voie publique.

Le frère André désirait depuis longtemps y bâtir une chapelle, un oratoire de bois dédié à saint Joseph. Il en avait parlé à quelques reprises, mais sans résultat. Il se fit même accompagner auprès de son supérieur par M. Jules-Aimé Maucotel, un greffier de Montréal. Mais sans succès.

Procéder par étapes

Un jour, le supérieur tomba malade en même temps que le frère André. Durant les longues heures de repos forcé, les deux s'entretenaient du projet de l'Oratoire et le supérieur lui accorda enfin son appui. Le frère André obtint d'abord la permission d'installer une statue de saint Joseph sous une simple niche, dans la montagne. La statue lui avait été donnée et un confrère l'avait peinte en vue de l'exposition à l'extérieur. Le frère André, accompagné parfois de quelques pèlerins, allait prier au pied de cette statue.

Puis il reçut la permission de conserver, pour l'Oratoire, les offrandes apportées par des personnes guéries, de même que les pièces de cinq sous qu'il recevait pour couper les cheveux des élèves. Il recueillit ainsi deux cents dollars, somme jugée suffisante pour mettre en marche le projet.

Le père d'un élève, Thomas Préfontaine, donna le bois nécessaire. Le menuisier du collège, le frère Abundius Piché, construisait, tandis que le frère André recueillait les fonds. « Dites à saint Joseph que vous pourrez construire si vous avez de l'argent ! », avait dit le supérieur.

Les amis laïcs

La chapelle primitive en 1904.

Heureusement, dès cette époque, le frère André n'est pas seul. Un groupe d'amis laïcs l'entourent de leur enthousiasme et de leurs conseils. Ce sont des employés d'une imprimerie, un constructeur, un administrateur, deux avocats, un médecin. En plus d'apporter leurs contributions personnelles, les amis du frère André se font solliciteurs pour la construction de la chapelle.

Saint Joseph s'en mêle aussi. Un maçon habite près du collège. On le décrit comme un colosse mais il souffre d'une tumeur à l'estomac. N'absorbant plus sa nourriture, il est d'une maigreur extrême et demande au frère André de prier pour lui.

Abundius Piché, c.s.c.

Ce dernier n'a qu'une idée en tête : « Si saint Joseph vous guérissait, viendriez-vous travailler avec moi dans la montagne ? Le malade accepte sans trop y croire. « Très bien, reprend le frère André, je compte sur vous demain matin. » Le lendemain, à six heures et quart, le maçon vient déjeuner avec lui, puis il se met aussitôt au travail. Il est guéri. Jovial et rayonnant, il partage désormais l'enthousiasme des amis du frère André.

Le travail en vue de la chapelle n'était pas aussi simple qu'on pouvait le croire. Il fallait d'abord démolir un kiosque déjà bâti sur la montagne, puis creuser, enlever des pierres, abattre des arbres, niveler un plateau en vue de la chapelle et ouvrir une voie d'accès le long de la pente.

Souvent, le samedi soir, le frère André disait à ses employés : « Je vais être obligé de vous mettre en chômage. Je n'ai plus d'argent pour vous payer et je n'ai pas la permission d'emprunter. » Invariablement, le lundi, le travail reprenait. Quelques généreux bienfaiteurs avaient renouvelé leur appui.

La première messe dans la chapelle, le 19 octobre 1904.

À la mi-octobre, la chapelle était terminée. Elle pouvait contenir l'autel, le prêtre et quelques servants. Deux grandes portes s'ouvraient à l'arrière, sur l'herbe, où l'on avait disposé deux rangées de bancs.

La bénédiction eut lieu un mercredi, le 19 octobre 1904. Le vicaire général du diocèse présida la cérémonie à laquelle assistaient les élèves du collège, des parents, des professeurs, ainsi que des amis du frère André. Quelques journalistes qui s'étaient mêlés à l'assistance publièrent un compte-rendu le lendemain.

Sous le soleil et la pluie

La petite chapelle était jolie sous les feuillages et les célébrations donnaient déjà lieu à des rassemblements considérables. Mais la chaleur en été, puis le vent, le froid et la pluie empêchaient souvent les pèlerins de prier à l'aise.

Un événement, entre autres, fut mémorable. La fête de Notre-Dame des Neiges, le 5 août 1906, tomba un dimanche et toute la paroisse se réunit autour de l'Oratoire. La célébration allait bon train quand, durant le sermon donné par un franciscain, un orage éclata. On chercha refuge en bas de la montagne mais tous furent trempés. Le chroniqueur écrivit dans ses notes que « le célébrant finit le saint Sacrifice en messe basse. » Tous furent déçus.

Mgr Paul Bruchési.

Il semble que les amis du frère André aient alors insisté pour obtenir la permission de bâtir un abri derrière la chapelle, afin d'éviter que la situation ne se reproduise. À cette époque, le supérieur provincial se rendit auprès de l'archevêque de Montréal en vue de le consulter à ce sujet. Mais sa démarche fut sans résultat. Il écrivit le soir, dans ses chroniques : « Le moment providentiel n'est pas encore venu, car Sa Grandeur a remis à plus tard l'étude de cette question. »

Le flot des visiteurs

Pendant ce temps, au collège, le flot des visiteurs continuait de plus belle. Malades et affligés se présentaient chez le portier. On leur répondait que le frère André n'avait pas la permission de les recevoir, qu'il leur fallait traverser la rue et l'attendre dans la gare des tramways.

D'autre part, les usagers de la gare se plaignaient de la présence de tant de malades. Un père de famille n'y tint plus. Il porta plainte au Conseil d'hygiène de Montréal et un médecin de la ville fit enquête. Le frère André lui expliqua comment il soignait par la prière, la confiance et l'huile de saint Joseph. « Si c'est comme ça, reprit le médecin, vous n'avez pas à vous inquiéter. » Le rapport qu'il soumit fut en tout point favorable au frère André.

Nouveaux développements

Ses amis, cependant, en désiraient bien davantage. La chapelle était décidément trop petite. Il fallait l'agrandir et la chauffer en hiver. Pour donner plus de poids à leurs interventions, ils se groupèrent en association et choisirent, assez curieusement, le nom de « zélateurs » de l'Oratoire.

Le 5 juin 1908, ils obtinrent que le supérieur provincial lui-même préside une de leurs réunions au cours de laquelle il fut résolu qu'« on élèvera deux rangées de pièces de bois de dix pouces (254 mm) carrés depuis l'Oratoire jusqu'au roc abrupt de la montagne, ce qui donnera une longueur de cent pieds (30,48 mètres) et une large sur de quarante pieds, avec une couverture de planches embouvetées revêtues d'un papier épais imprégné de bitume. »

Le chantier s'ouvrit le 1er juillet et fut terminé le 2 août. Six cents pèlerins s'étaient réunis pour la circonstance, tous étaient protégés de l'ardeur du soleil.

Un mois plus tard, cependant, le vent soufflait sous l'abri et les pèlerins désertaient la chapelle. Les « zélateurs » convoquèrent une autre réunion, cette fois en l'absence du supérieur, chez l'entrepreneur Alfred Rousseau. C'était un mercredi, le 9 septembre 1908. Un comité fut élu, entièrement formé de laïcs, dans le but de promouvoir l'œuvre du frère André. Une semaine plus tard, les membres du comité présentèrent au supérieur provincial une pétition portant deux mille signatures, demandant que l'Oratoire soit agrandi et chauffé en hiver. Ils se chargeaient eux-mêmes du financement de ce projet.

Les travaux durèrent deux mois. Les deux grandes portes furent enlevées à l'entrée de la chapelle. De chaque côté, quatre poteaux de l'abri furent entourés d'un mur. À l'arrière, une porte « se repliant sur quatre parties » donnait accès au reste de l'abri. La nouvelle construction formait la nef de l'Oratoire, la chapelle primitive en devenait le chœur. L'édifice était bien fait, solide, muni de contre-fenêtres. Un poêle à charbon y dégageait une chaleur suffisante pour la capacité de l'édifice. Au jour de l'inauguration, le 22 novembre 1908, deux cents personnes étaient présentes.

L'Oratoire Saint Joseph en décembre 1908.

Le premier hiver

À la fin de 1908, les clients du frère André montaient spontanément vers la nouvelle chapelle. Plusieurs fois la semaine, un élève remplaçait le portier du collège, qui se consacrait à l'accueil des pèlerins.

Au cours de l'hiver, cependant, l'ascension de la montagne restait difficile. Il aurait fallu des marches le long de la pente glacée. On sentait également le besoin d'un bureau, près de la chapelle, où les malades pourraient rencontrer le frère André sans nuire à la prière des pèlerins.

À la fin de février 1909, le secrétaire du comité, M. J.-A. Renaud, obtint la permission de construire à ses frais, près de la chapelle, un kiosque de bois comprenant un magasin d'objets de piété, un restaurant, une chambre pouvant servir de bureau au frère André et une salle d'attente. On lui permit de gérer lui-même le magasin et le restaurant pendant un temps raisonnable afin d'être indemnisé de ses dépenses.

La même année, on construisit un long trottoir de bois, comprenant cent quarante marches, entre la voie publique et le sanctuaire. Les pèlerins pouvaient enfin monter à l'Oratoire et s'y attarder librement en toute saison.

L'Oratoire Saint Joseph du Mont-Royal avait désormais tout ce qu'il fallait pour accueillir les pèlerins. Ces derniers ne se firent pas prier. Leur nombre s'accrut à tel point que, dès le mois de juillet, les supérieurs dégagèrent entièrement le frère André de sa tâche de portier du collège pour le nommer officiellement : GARDIEN DE L'ORATOIRE.

Il rassembla ses quelques effets personnels et s'établit dans la chambrette prévue pour lui dans le kiosque de M. Renaud.

Vue d'ensemble en 1909.

Une étape décisive

L'année 1909 marque un point tournant dans l'œuvre du frère André. Autant la chapelle pouvait paraître, quelques années plus tôt, comme une solution d'évitement devant des pressions devenues gênantes, autant l'Oratoire Saint-Joseph a maintenant son existence propre. Il jouit de l'appui de la communauté et connaît un essor décisif depuis que le frère André y demeure en permanence.

Observons que jusqu'ici, presque tout a été fait par des laïcs avec la collaboration du frère Abundius Piché, le patient et talentueux menuisier du collège. Mais l'Oratoire n'est pas né d'une décision des évêques ni des supérieurs. Ce sont des laïcs sensibles aux besoins d'une foule de malades et de malheureux qui ont en quelque sorte forcé les portes du collège pour trouver accès auprès du frère André et lui construire la chapelle dont il avait besoin. L'Oratoire fut à l'origine une réalisation issue de la foi populaire groupée autour du frère André. C'était, comme il l'affirmait lui-même, L'ŒUVRE DE SAINT JOSEPH.

Quelques statistiques de l'époque reflètent bien son développement. Le 6 juin 1909, 3 000 personnes assistent au baptême de la première cloche. Le 22 août, 2 000 personnes se rassemblent pour la bénédiction d'une statue de la Vierge. Au cours de l'été, l'un des membres du comité des

Un rassemblement près de la chapelle primitive vers 1910.

« Zélateurs » publie le premier recueil de prières de l'Oratoire : 5 000 exemplaires sont épuisés en un an. Enfin un chiffre non moins impressionnant : plus de 29 500 lettres parviennent au frère André en cette seule année 1909. Comme il lit à peine et qu'il écrit plus difficilement encore, on doit mettre sur pied un secrétariat pour tenir à jour sa correspondance.

Le projet de tout un peuple

Le mouvement populaire qui entoure l'Oratoire Saint-Joseph est maintenant irréversible. Le frère André passe de longues heures à prier. Il fait avec les gens le chemin de la croix. On dit que c'est sa principale dévotion. Les pèlerins assistent à la messe, communient et réclament encore des prêtres pour le sacrement du pardon. Le nouveau sanctuaire est, pour des centaines de personnes, un lieu de conversion, leur point de contact entre la vie quotidienne et leur relation personnelle avec Dieu.

Le 2 février 1925.

Comme toutes les grandes figures religieuses dans toute l'histoire de l'Église, le frère André est d'abord et surtout un HOMME DE PRIÈRE, un homme de relation franche et explicite avec Dieu. Il prie longuement, chaque jour, plusieurs fois par jour. Il prie seul, dans sa chambre, en voyage, à la chapelle, avec les malades, dans la grande assemblée.

L'Évangile laisse entendre que les apôtres furent attirés par le prière de Jésus: « Montre-nous à prier », lui demandent-ils. La prière du frère André produit le même effet. Ses amis disent de lui : « C'est un homme qui travaille tout le temps et qui prie sans cesse. » Ou encore : « Il passe son temps à parler de Dieu aux hommes et des hommes à Dieu. » Il vivait sa foi dans le service des autres et dans un contact habituel avec Dieu dans la prière.

Des signes de Dieu

À cette prière du frère André correspondent des faveurs de plus en plus nombreuses. Les gens parlent plus spontanément de « miracles ». En la seule année 1916, 435 cas de guérisons ont été signalées, ce qui fait plus d'une guérison par jour, sans compter celles que des gens ont sans doute oublié de mentionner au supérieur.

L'attitude du frère André face à ces événements est très bien connue: tout venait de Dieu, par saint Joseph. Il corrigeait — assez brusquement parfois — ceux qui lui demandaient de les guérir ou qui lui attribuaient un pouvoir, comme si les signes de Dieu pouvaient venir de lui. Il tenait cependant à ce que les guérisons soient connues et exposait lui-même, avec ses amis, les béquilles autres instruments des personnes guéries.

Vers 1906, en visitant la chapelle, le supérieur provincial remarqua ce « trophée de béquilles » exposé du côté droit de l'autel. « Voyons, frère André, dit-il, nous n'allons pas commencer une chose pareille. Enlevez-moi tout ça ! » Le frère André, qui était obéissant, les enleva. Un peu plus tard, il se trouva malade à l'infirmerie et le supérieur tomba malade en même temps. En conversant simplement, il lui dit : « Vous savez, père, on exposait les béquilles seulement lorsque les guérisons avaient duré quelques semaines. » Puis il ajouta : « Vous expliquez que les miracles sont des signes de Dieu. Si Dieu nous donne des signes, il ne nous appartient pas de les cacher ! »

Un «trophée» de béquilles.

Selon son habitude, le père Georges Dion prit le temps de réfléchir avant de changer d'avis. Puis il permit au frère André et à ses amis de remettre les béquilles bien en vue dans la chapelle.

Car ce dernier expliquait : « Une guérison, ça fait du bien non seulement à la personne qui est guérie, mais à toutes les autres qui en entendent parler. »

Un prêtre qui vivait avec lui à l'Oratoire, le père Émile Deguire, fut durant neuf ans directeur de la revue du sanctuaire. Il lui demanda un jour : « Comment faites-vous, frère André, pour savoir que quelqu'un sera guéri ? À certains, vous dites : "Faites une neuvaine, frottez-vous avec la médaille et l'huile de saint Joseph, priez avec confiance" ; alors qu'à d'autres, vous dites seulement : "Vous êtes guéri, laissez vos béquilles et marchez !"»

Le frère André lui a répondu : « Des fois, c'est évident. » Que pouvait-il dire de plus ? Il semble qu'il recevait directement de Dieu l'intuition qu'un signe allait se produire sous les yeux des témoins.

Le père Émile Deguire, c.s.c, en 1974.

Martin Hannon

Certaines guérisons furent plus frappantes, tel le cas de Martin Hannon, un Irlandais de Québec. Il était à l'emploi du Canadien Pacifique et surveillait le déchargement de blocs de marbre lorsque l'un d'entre eux bascula derrière lui et lui broya les pieds et les jambes, réduisant les os en miettes. C'était en octobre 1908.

Avec la chirurgie du temps, on comprend qu'après un an d'opérations et de traitements, Hannon arrivait à peine à se traîner douloureusement sur deux béquilles. Il entendit alors parler du frère André et de son Oratoire.

Le cas a été soigneusement documenté par Arthur Saint-Pierre, professeur de sociologie à l'Université de Montréal, l'un des premiers biographes du frère André. Il écrit :

« Le 9 janvier 1910, M. Hannon prit le train et se rendit à l'Oratoire en compagnie de monsieur Joseph Lacroix, qui l'aida à monter chez le frère André. Or, au seul toucher du frère André sur lui, M. Hannon fut guéri instantanément de ses deux jambes. M. Hannon laissa ses béquilles à l'Oratoire et s'en retourna sur ses jambes sans appui. Les journaux du temps, et en particulier « La Patrie » du 10 janvier 1910, donnèrent une grande publicité à cette guérison. La gravité de l'accident avait été attestée par le malade, les membres de sa famille, ses compagnons de travail et le médecin en chef de l'Hôtel-Dieu de Québec. »

De tels événements ne purent qu'attirer encore plus les foules. En février 1910, le supérieur écrivait dans ses chroniques : « La vie bat son plein sur la montagne comme aux plus beaux jours de l'été. »

Nouveaux développements

La nef de la chapelle, qui mesure trente pieds sur quarante (9 mètres sur 12) est maintenant trop petite. On se met à l'œuvre dès le mois de février 1910: il faut doubler cette nef et faire vite afin de terminer avant la fête de saint Jo seph. Le 18 mars, la nouvelle annexe, en tout semblable à la première, est ouverte aux pèlerins sous la toit de 1908.

Le travail des peintres est à peine terminé qu'on entreprend de construire, sur un plan de l'architecte Dalbé Viau, une sacristie couronnée d'un clocher. Avec le sanctuaire initial, cette partie de la chapelle est conservée aujourd'hui.

Un nombre croissant de pèlerins réclament maintenant des prêtres à toute heure du jour. Dès l'été de 1910, le père Adolphe Clément est nommé à l'Oratoire. Il est presque aveugle à son arrivée et fait part de ses inquiétudes au frère André. Ce dernier lui répond: « Demain, vous lirez votre bréviaire. » Le lendemain, le père Clément voyait. Des spécialistes, examinant ses yeux par la suite, disaient: « Avec des yeux comme ça, vous devriez être aveugle, mon père ! » Pourtant, le père Clément voyait.

Mais un prêtre, même voyant clair, ne suffisait pas. On avait besoin d'une communauté. Un contrat fut signé pour la construction d'une résidence en brique, sur une longueur de 60 pieds (18,3 mètres) et une largeur de 54 pieds (16,5 mètres). Les fondations furent jetées en octobre 1910.

Le frère André, les pères Georges Dion et Adolphe Clément, en 1910.

En semaine, l'Oratoire accueillait de quatre à cinq cents personnes par jour. La chapelle était nettement trop petite et il fallait maintenant songer à des agrandissements plus vastes et définitifs.

Le 19 mars 1914, moins de dix ans après l'ouverture de la première chapelle, un contrat était signé avec les architectes Dalbé Viau et Alphonse Venne en vue de la basilique. Les premiers dessins de l'Oratoire tel que nous le connaissons aujourd'hui datent de cette époque. On y voit des jardins, une crypte en pierre et une vaste église supérieure surmontée d'un dôme. L'Oratoire Saint-Joseph du Mont-

Royal devient de plus en plus le projet de tout un peuple groupé autour de la prière confiante du petit frère André.

Ce dernier aura soixante-neuf ans. D'un pas rapide, tous les matins à neuf heures, il se rend à son bureau pour y accueillir les malades et les malheureux. Sa santé toujours fragile lui permet une activité étonnante. Plusieurs fois la semaine, au terme de ses longues heures de bureau, il visite des malades en compagnie de l'un ou de l'autre de ses nombreux amis.

Il est d'ailleurs pour tous un homme attachant : un homme simple, mais vif d'esprit et sensible, qui s'intéresse profondément aux personnes et à leurs besoins. Les gens l'aimaient surtout, semble-t-il, parce qu'il leur ressemblait.

Le frère André allant à son bureau le 23 septembre 1923.

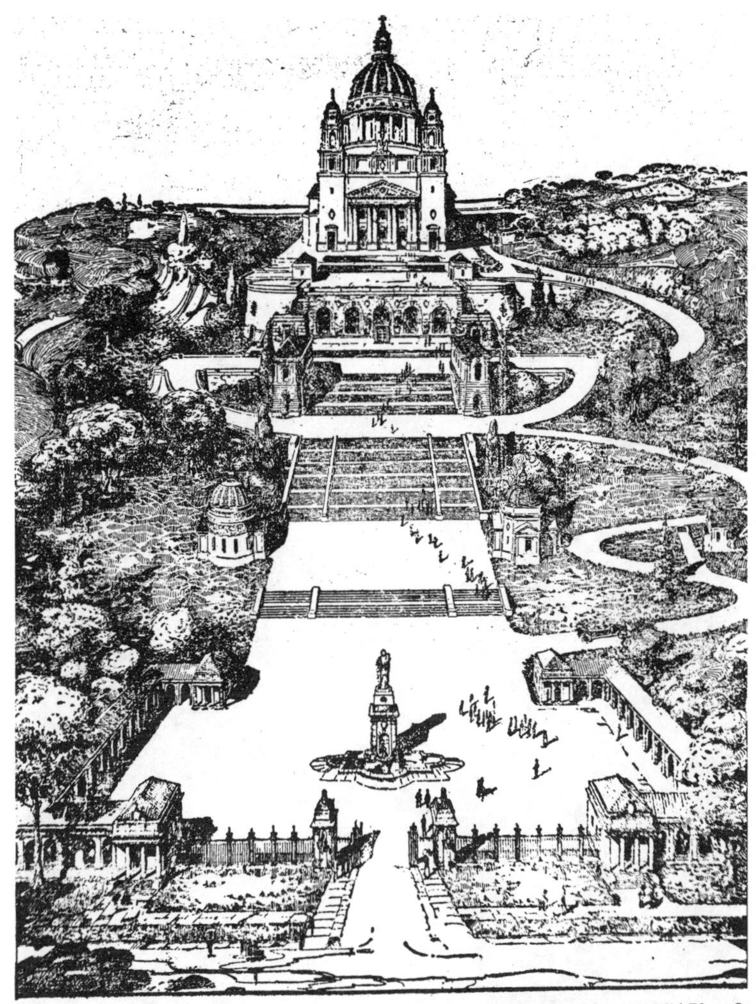

VUE A VOL D'OISEAU DE LA BASILIQUE DE SAINT-JOSEPH AVEC LA CRYPTE ET LES CHAPELLES. — Ce temple sera un superbe monument d'architecture du style de la renaissance italienne. Il aura la forme d'une croix latine et aura 320 pieds de longueur.—Dessin des architectes Viau et Venné.

Plan de l'Oratoire publié dans le quotidien La Presse, le 13 mai 1916 : VUE À VOL D'OISEAU DE LA BASILIQUE DE SAINT JOSEPH AVEC LA CRYPTE ET LES CHAPELLES — Ce temple sera un superbe monument d'architecture. Il aura la forme d'une croix latine et aura 320 pieds (tout près de cent mètres) de longueur. Dessin des architectes Viau et Venne."

La statue de marbre blanc du sculpteur italien A. Giacomini accueille les pèlerins depuis le 5 décembre 1917.

L'ami de saint Joseph

Le chanoine Étienne Catta est un historien bien connu de la congrégation de Sainte-Croix. Avec son frère Tony, il publia la vie du fondateur, le père Basile Moreau, puis celle du curé Jacques-François Dujarié, fondateur des *Frères de Saint-Joseph,* qui deviendront ensuite les Frères de Sainte-Croix, celle de la première supérieure des Sœurs de Sainte-Croix, Léocadie Gascoin, et celle du premier prêtre canadien de Sainte-Croix, Camille Lefebvre. En 1965, il publia une importante biographie du frère André. [1]

Sœur Léocadie Gascoin, M.S.C.

C'est un volume de plus de mille pages, une mine de renseignements. Après une longue introduction et la présentation des sources, on y trouve deux chapitres préliminaires sur la dévotion à saint Joseph en Europe et en Nouvelle-France, puis sur l'ancêtre et la race. La recherche s'appuie principalement sur des entrevues réalisées vingt ans après la mort du frère André, et sur de nombreuses sources écrites dont la première partie du dossier de la béatification. En

---

[1] *Le Frère André (1845-1937) et l'Oratoire Saint-Joseph.* Éditions Fides, Montréal. Le choix des souvenirs des amis du frère André, cités dans nos chapitres 5 et 6, est largement inspiré de ses chapitres 32 et 33 : *Les grandes amitiés*, et *Un seul cœur, une seule âme.*

effet, le procès apostolique dirigé par Rome de 1962 à 1964 n'était pas encore terminé. Aujourd'hui épuisée, cette œuvre reste à la disposition des chercheurs dans les bonnes bibliothèques.

Après avoir raconté l'enfance d'Alfred Bessette et son entrée dans la congrégation de Sainte-Croix, l'historien explique longuement le développement de son œuvre. Vers le milieu du volume, il écrit: « L'histoire de l'Oratoire Saint-Joseph pourrait ainsi continuer de s'écrire sans que le frère André n'y parût qu'en une sorte de retrait. »

Cette remarque étonnante mérite qu'on s'y arrête. C'est dire que malgré tous les efforts que le frère André a faits, un auteur pourrait écrire des pages et des pages sur cet oratoire du mont Royal sans même mentionner son nom.

Le chanoine Catta n'est pas à court d'exemples. Quand fut acquise la propriété sur la montagne, le frère André n'a pas été consulté. D'ailleurs, il n'était pas membre du conseil et le but de l'achat n'était pas d'y construire un oratoire. Depuis longtemps les religieux de Sainte-Croix étaient conscients de la beauté de ce lieu et voulaient surtout éviter qu'un club tapageur ne vienne s'établir en face du collège.

Les supérieurs avaient donc déjà les yeux sur ce terrain et ne manquaient pas d'idées pour bien l'utiliser. D'autre part, le portier, à cette époque, désirait un oratoire mais il ne s'affichait nullement comme le promoteur d'un grand projet sur la montagne.

Plus tard, quand la première chapelle fut construite, ce sont ses amis laïcs qui en prirent l'initiative. Groupés autour de lui, ils donnèrent tout le bois nécessaire à la construction

Le frère André avec ses confrères le 18 septembre 1927

et demandèrent en plus toutes les permissions. Puis ils fournirent gratuitement leur temps et leur talent sous la direction de l'habile menuisier du collège, le frère Abundius Piché.

Quatre ans plus tard, en 1908, c'est un autre comité de laïcs qui prit la direction du projet, fit circuler une pétition et recueillit deux mille signatures pour que la chapelle soit agrandie et chauffée en hiver. Une fois encore, les amis du frère André offraient le bois, l'argent, leur temps et leur compétence.

Il est clair que c'était l'action du frère André qui les inspirait. Mais il reste aussi évident qu'il ne fut pas impliqué dans la prise de décisions. Il restait comme en retrait. Ce fut encore le cas, et peut-être davantage, lors de la construction de la grande basilique.

Officiellement, il fut nommé gardien de cet oratoire en juillet 1909, puis membre du conseil. Mais une telle nomination avait peu de conséquences, compte tenu de son rôle dans la communauté. Il savait insister à l'occasion, mais il resta toujours le petit frère humble et fragile qui avait passé quarante années de sa vie comme portier, à répondre aux visiteurs, à entretenir les parterres, à faire des commissions, et surtout à brosser d'interminables planchers de bois. Il n'avait rien d'un homme en situation d'autorité.

Tout se passait à cause de lui et tous le savaient. Sans lui, la chapelle n'aurait pas été construite sur le mont Royal.

L'Oratoire Saint-Joseph s'élève à 155 m au-dessus du niveau de la rue et à 263 m du niveau de la mer. C'est le plus haut point de Montréal.

Un jour, timidement, il avait sollicité la permission de faire une simple niche sur une statue de saint Joseph qu'on lui avait donnée et qu'il voulait placer dans la montagne pour aider les gens à prier. Le supérieur ne se doutait pas qu'en lui accordant cette permission, il donnait le coup d'envoi du plus grand sanctuaire au monde dédié à saint Joseph, un centre international qui allait un jour attirer plus de deux millions de visiteurs par année!

Les témoins racontent que cette permission lui fut accordée à l'infirmerie, alors que le supérieur était malade avec lui. Personne ne se doutait de la solennité de l'instant. La situation fait penser aux cas où un supérieur regardait par-dessus ses lunettes, jugeait la permission sans conséquence, faisait oui de la tête et retournait doucement à la lecture de son bréviaire.

Mais alors les amis du frère André voulurent une chapelle, puis un abri derrière, et du chauffage, et un restaurant. Tout le reste s'en est suivi. C'était sans doute le rêve du frère André, mais selon lui, bien clairement, c'était surtout le PROJET DE SAINT JOSEPH.

Tout comme l'œuvre de Sainte-Croix, dans l'esprit du fondateur, était « l'œuvre de Dieu », ainsi dans l'esprit du frère André, l'oratoire qui naissait sur la montagne venait de Dieu et non de lui. Il se savait faible et maladif alors que le Seigneur était grand et puissant ! On disait que prier était tout ce que pouvait faire l'humble portier. Mais sa prière fut trouvée si efficace que tous voulaient prier avec lui. Il détournait leur attention vers saint Joseph, et par lui, vers la bonté du Dieu proche et toujours attentif. Cette œuvre ne pouvait pas venir d'un homme. C'était donc celle de SAINT JOSEPH ; et le frère André, lui, vivait à son ombre.

La solennité de la fête de saint Joseph, le 11 mai 1924.

Une prière simple

Il y avait beaucoup de simplicité et d'humilité aussi dans la prière du frère André. Il priait à la manière des anciens, comme sa mère le lui avait enseigné. Voici quelques-unes de ses pratiques, toujours liées à la prière confiante.

Il utilisait la médaille de saint Joseph pour exprimer sa confiance. Il frictionnait les malades avec de l'huile tirée de la lampe qui brûlait devant la statue de saint Joseph. Ces pratiques n'allaient pas sans susciter quelques sourires dans sa communauté. Bien des gens sages et instruits riaient de sa naïveté. C'était encore le cas vingt-cinq ans après la construction de la première chapelle et des religieux encore vivants aujourd'hui se souviennent d'entendre certains de leurs confrères appeler le frère André le « vieux fou de la montagne ».

Les autorités du diocèse menèrent leur enquête en novembre 1910, et après quatre mois, tranchèrent en faveur du frère et de son œuvre. Cette approbation, cependant, ne venait pas au terme d'un long procès canonique semblable à celui d'une béatification. Dans l'esprit de plusieurs, l'approbation de l'évêque demeurait discutable.

Il était évident, d'autre part, que personne ne pouvait endiguer ce mouvement de prière clairement inspiré de l'Évangile et fondé sur les signes de Dieu. Toute la population discernait de plus en plus la protection spéciale du saint qui, après Marie, a été le plus près de Jésus. Nul ne

On utilisa une annexe temporaire pour la durée des travaux.

pouvait donc s'opposer ni même résister à ce mouvement de prière qui montait comme le cri de la souffrance de milliers de gens et qui se changeait, au mont Royal, en immense chant d'espérance.

Ce qui fondait l'appui des supérieurs et qui les incitait à investir plus de ressources et d'énergies dans ce projet était que le frère André n'en tirait aucune gloire personnelle. Son projet devint rapidement celui de centaines, puis de milliers de croyants. Dès lors, l'oratoire du mont Royal reposait donc sur une base très large.

Officiellement et publiquement, lors des célébrations et des rassemblements, les supérieurs et les évêques évoquaient parfois le rôle joué par le frère André depuis les origines. Ils le faisaient sans prononcer son nom et il est remarquable de constater que tous comprenaient sauf le fondateur du sanctuaire. Il pensait toujours qu'on parlait de saint Joseph, qui avait conçu et mis en chantier cet immense projet.

Tous savaient bien que le portier du collège Notre-Dame en était le fondateur. Mais l'œuvre devint rapidement celle de tous : supérieurs, bienfaiteurs, constructeurs, amis, administrateurs, tous entraient dans ce projet « pour la gloire de Dieu » et « pour la gloire de saint Joseph ». Le frère André, pour sa part, en accordait tout le crédit à son ami, saint Joseph.

Alfred Bessette, âgé de 12 ans.

Sa dévotion à saint Joseph

Sa dévotion à son saint préféré devint le support et le bastion de son humilité. Après sa mort, les témoins se rendirent compte qu'il n'avait parlé que très rarement de lui-

La statue dans la crypte.

même et de sa famille. L'un des rares amis auxquels il s'était ainsi confié a déclaré : « Le frère André m'a dit qu'il avait toujours eu cette grande dévotion à saint Joseph et qu'il la tenait de sa mère. » Il semble que sa mère ait été choisie par Dieu pour transmettre à son enfant une dévotion qui allait par la suite fleurir sur le mont Royal.

Dans son enfance, ses compagnons de Saint-Césaire disaient : « Il est en train de virer fou avec sa dévotion à saint Joseph ! » La remarque, dans sa naïveté et sa mauvaise part, en dit long sur la prière d'Alfred lorsqu'il était enfant. « Il va virer fou avec sa dévotion à saint Joseph. »

Des années plus tard, rien n'était changé. Il passait des heures à la chapelle du collège Notre-Dame, devant la statue de saint Joseph, et des gens se moquaient encore de lui. Mais il aimait tellement Dieu et son saint préféré qu'il continuait d'espérer, de prier et de réconforter ceux qui étaient dans le besoin. Un témoin déclara : « Le frère André parlait constamment de saint Joseph. Il recommandait de l'invoquer et d'avoir confiance en lui. »

Le conseil qu'il a donné à tous était bref : « Priez saint Joseph et je vais prier avec vous. » Il a dit cela à des milliers de gens. Jour après jour, année après année, les visiteurs revenaient invariablement avec le même conseil : « Faites une neuvaine. Priez saint Joseph. Ayez confiance. Je vais prier avec vous. »

Même que plusieurs personnes ont répété qu'il ne disait pas grand-chose sur saint Joseph. Seulement à ses amis les plus intimes, il parlait de la vie de saint Joseph, de son rôle d'époux de Marie, des liens étroits qui l'ont uni à Jésus. Il parlait rarement des vertus de saint Joseph, mais il était enchanté quand il entendait des prêtres et des théologiens le faire à l'église, en commentant les textes d'Évangile qu'il connaissait bien.

Ce qui ressort de ses conversations avec ses amis, de ses pratiques et de son insistance auprès d'eux, est un fait très simple. « Saint Joseph est un être humain qui a vécu des expériences semblables aux nôtres. Il est notre ami vivant auprès de Dieu. Il a été envoyé à l'Église de la même manière qu'il le fut à Jésus et à Marie ; il a donc à cœur le bien matériel et spirituel de toute la famille de Dieu. » Ce rôle s'applique spécialement aux pauvres, aux malades, aux pécheurs, aux personnes qui souffrent, qui ont confiance en Dieu et qui se donnent la peine de prier, comme un ami très personnel, celui qui l'a protégé sur la terre. Saint Joseph est notre défenseur contre tout mal, il est le Protecteur de l'Église dans tous les dangers du temps présent.

En somme, le message du frère André se résume comme une large invitation : ALLEZ À JOSEPH. Il en résulte une prière simple et directe comme l'affirmait un témoin : « Il recommandait des formes très simples de prière, comme par exemple : "Saint Joseph, priez pour moi comme vous auriez prié si vous aviez été à ma place, dans la même situation. Saint Joseph, écoutez-moi !" »

Il répétait : « Quand vous invoquez saint Joseph, il n'est pas nécessaire de beaucoup parler. Vous savez que votre Père connaît déjà tous vos besoins. Saint Joseph aussi ! »

« Allez vous mettre devant une statue de saint Joseph. Dites-lui : "Si vous étiez à ma place, saint Joseph, qu'est-ce que vous feriez ? Bon. Eh bien ! priez à ma place." »

Ou encore : « Saint Joseph, regardez. Je suis un père de famille. S'il vous plaît, aidez-moi comme vous auriez voulu que les autres vous aident quand vous étiez dans la même situation sur terre. »

Plaques et béquilles dans la chapelle.

Parfois, les paroles du frère André sur saint Joseph ressemblaient à une méditation. Il racontait les expériences de saint Joseph, ses problèmes et ses épreuves vécues chaque jour en compagnie de Jésus et de Marie. Ainsi, selon le frère André, saint Joseph a passé sa vie dans une relation permanente avec Dieu. Cette RELATION QUOTIDIENNE AVEC DIEU est primordiale chez le frère André, et c'est sur ce point qu'il insistait le plus. Il incitait les gens à vivre en présence de Dieu, comme Marie et Joseph l'ont fait à Nazareth, quels que soient le problème ou la situation.

Le frère André proposait donc une forme de prière accessible aux gens de son époque et où l'expression non verbale tenait une grande place. L'une d'elles était d'écrire une brève prière sur un bout de papier et de la glisser sous une statue de saint Joseph. Ces prières étaient formulées de façon simple et directe comme : « Saint Joseph, aidez-moi à m'en sortir. Qu'est-ce que vous feriez à ma place ? Faites quelque chose. » Et il glissait le bout de papier sous la statue de saint Joseph.

Un dimanche d'hiver.

Une neuvaine

La prière du frère André prenait aussi la forme d'une neuvaine. Il l'a souvent conseillée : « Priez saint Joseph. Faites une neuvaine à saint Joseph. » L'important n'était pas de faire de longues prières, ou de faire telle prière en particulier, mais de prier avec confiance et persévérance.

Notons que la neuvaine est essentiellement une forme de prière populaire. Il n'y a pas de neuvaine dans la Bible, ni dans la liturgie, la prière officielle de l'Église. On trouve parfois trois jours de prière, dans la Bible, ce qui marque une insistance particulière. Dans la liturgie, nous retrouvons les trois jours de prière, au printemps, pour les récoltes. Une neuvaine, c'est trois fois trois jours, une prière trois fois plus insistante.

Même si la liturgie n'en propose pas, les chrétiens ont fait des neuvaines depuis des siècles. Les personnes qui l'emploient savent bien la persévérance qu'il faut pour aller à l'église neuf jours de suite, ou neuf dimanches de suite, en demandant la même faveur. La neuvaine est donc l'une des formes les plus traditionnelles de la prière chrétienne.

Au cours des années 1970, nous préparions, à Rome, les nombreux documents nécessaires à la béatification du frère André. Nous avons alors pris le temps de lire ce que les responsables d'autres causes avaient rédigé en vue de béatifications. Nous avons observé que presque tous les miracles reconnus par l'Église avaient été accordés à la suite d'une neuvaine. Partout dans le monde, celui ou celle qui a une intention vraiment spéciale fait une neuvaine. Et il semble que le Seigneur approuve cette insistance, puisque de nombreux miracles reconnus par l'Église ont été obtenus à la suite d'une neuvaine.

La médaille

Le frère André conseillait également l'usage d'une médaille. Il demandait non seulement de la porter, mais de s'en servir pour exprimer sa confiance. L'être humain n'est pas un cerveau ambulant : il a besoin de voir, de toucher, de sentir. Il disait : « Faites une neuvaine et frottez-vous avec une médaille de saint Joseph. » Il a donné ce conseil à des milliers de gens selon les témoins.

L'intérieur de la crypte aujourd'hui.

Certains ont hésité devant une prière aussi physique, craignant la superstition. Matthieu, Marc et Luc, cependant, racontent l'histoire de la femme qui souffrait d'hémorragie depuis douze ans, et dont la seule prière fut de toucher le vêtement de Jésus. Ce dernier ne s'y trompe pas et dit à la femme : « Aie confiance, ma fille, TA FOI t'a sauvée. » [1]

Le frère André a utilisé un grand nombre de médailles. Celle qu'il employait le plus était assez grosse et représentait, d'un côté, saint Joseph et l'Enfant, et de l'autre, l'oratoire Saint-Joseph. Au début, il arrivait que des gens l'accusaient de faire croire à la magie. Une fois au courant, le frère André insistait encore davantage sur le fait que la médaille est une expression de foi, un signe sensible de notre confiance.

Il avait un sens inné de la psychologie humaine et savait combien les gens aiment conserver un souvenir. La médaille

---

[1] Matthieu 9, 22 ; Marc 5, 34; Luc 8, 48.

qu'il distribuait devenait un bien précieux dans toutes les familles et on l'utilisait beaucoup. Il ne bénissait pas les médailles. Cependant, il était assez fin pour se rendre compte que les gens étaient heureux de l'avoir reçue de lui. Un témoin raconte : « Il mettait la main dans sa poche et en sortait des médailles de saint Joseph qu'il distribuait à profusion. Il insistait surtout sur la prière à saint Joseph. » Il faisait de même dans ses visites aux malades dans les hôpitaux ou dans leur maison.

Si quelqu'un devait régler une affaire difficile, il disait : « Prenez une médaille de saint Joseph et tenez-la dans votre main en parlant. Saint Joseph vous aidera. » Tenir une médaille était pour lui comme tenir la main de saint Joseph.

L'huile

Une autre pratique recommandée par le frère André était l'usage de l'huile : « Frottez-vous avec une médaille ou de l'huile de saint Joseph. » Cette idée de joindre des frictions d'huile d'olive à la prière vient de la Bible. Dans l'Évangile de Marc (6, 13), quand les apôtres sont envoyés à leur première mission, ils « faisaient des onctions d'huile à de nombreux malades et les guérissaient. » On retrouve le même procédé dans la lettre de Jacques (5, 14) : « Si l'un de vous est malade, qu'il appelle des anciens de l'Église : ils prieront sur lui après lui avoir fait une onction d'huile au nom du Seigneur. »

En entrant en communauté, le frère André apprit que cette huile de dévotion était employée depuis longtemps. Le fondateur, le père Basile Moreau, avait un ami qui s'en servait, Léon Dupont, le « saint homme de Tours », dont la cause de béatification est introduite à Rome. Ce laïc fervent accompagna les premiers missionnaires de Sainte-Croix jusqu'au Havre, en 1841, et régla le prix de leur voyage vers les États-Unis. Le père Moreau le consultait dès qu'il avait une affaire difficile à régler. En suivant une coutume européenne, Léon Dupont retirait de l'huile de la lampe qui brûlait chez lui, devant une image de la sainte Face. Puis il l'utilisait pour frictionner les malades. Plusieurs furent guéris.

On trouve un cas semblable dans les premières chroniques de Sainte-Croix au Canada. Un jour, une postulante fut surprise par un orage et prit froid. Quelque temps plus tard, elle était devenue novice. Mais la fièvre gagna les bronches et les poumons. On craignait pour sa vie, car elle était maintenant inconsciente et le médecin disait qu'il ne pouvait plus rien faire. Un religieux de Sainte-Croix, le père Kilroy, donna aux sœurs de l'huile qu'il avait reçue de monsieur Dupont. L'infirmière pria donc avec confiance en frottant le dos de la jeune malade. À sa grande surprise, la jeune femme ouvrit les yeux et se mit à parler.

Cette guérison complète et instantanée survint en juillet 1851, alors que les sœurs, les frères et les pères appartenaient encore à une seule et même communauté. Il est certain que le frère André l'entendit raconter plusieurs fois lorsqu'il entra dans la congrégation de Sainte-Croix.

À la fête de saint Joseph, cinq ans avant la construction de la première chapelle, les chroniques racontent qu'il passa une heure à la chapelle, distribuant des bouteilles d'huile de

La chapelle du Collège Notre-Dame fut achevée en 1889.

La statue couronnée de saint Joseph bénite par saint Pie X en 1909.

saint Joseph. Plus tard, il installa une lampe devant la statue de saint Joseph qui était dans sa cellule. Il pouvait désormais plus facilement offrir de l'huile à ses visiteurs.

Voici quelques témoignages recueillis après sa mort, concernant l'usage de l'huile de saint Joseph.

« En 1905, j'ai été bien malade. J'avais 36 ans. J'avais fait demander le frère André. Il venait me voir et faisait des prières, et me faisait boire de l'huile de saint Joseph pour mes maux d'estomac. Et le lendemain, c'était un grand changement. »

« En 1912, une petite fille allait perdre un oeil à la suite d'un accident. Le frère André lui donna de l'huile de saint Joseph et elle fut guérie comme le frère André l'avait promis. »

« En 1916, un jeune frère en formation souffrait d'eczéma. Son supérieur le conduisit au frère André. "Qu'avez-vous à la figure ?" — "C'est de l'eczéma, répondit le jeune frère, et le médecin dit qu'il n'y peut rien." — "Frottez-vous avec cette médaille, reprit le frère André, et prenez de cette huile. Il n'y a rien comme saint Joseph pour vous aider." Le jeune frère déclara plus tard : "Au coucher, je fis ce qu'il m'avait recommandé. Depuis ce jour, je suis très bien." »

« En 1931, un enfant de deux ans est conduit au frère André. Ses deux jambes sont croisées l'une sur l'autre et ses deux pieds, si difformes qu'il est incapable de marcher. Ce petit fut guéri après des frictions d'huile de saint Joseph. Ses parents furent reconnaissants parce qu'ils avaient prié pour lui depuis sa naissance. »

La médaille et l'huile de saint Joseph sont peut-être les pratiques que le frère André a recommandées le plus souvent, et il le fit depuis le début, comme portier du collège Notre-Dame. Selon les déclarations des témoins, il prenait le temps d'expliquer que ce n'était ni de la magie, ni de la superstition. Il disait, entre autres : « L'huile, la médaille, ça fait mieux penser à saint Joseph, ça excite la confiance en lui. »

Il disait aux jeunes frères : « Il faut toujours invoquer notre patron spécial, saint Joseph. Nous l'invoquons quand nous sommes malades. Nous devons toujours le prier. »

Le Père Jacques Dujarié.

Confiance

S'il y a un sentiment qu'il faut unir à la prière, selon le frère André, c'est bien la confiance. Dans la tradition des pères Dujarié et Moreau, le frère André avait apprit à se fier à la Providence. « *Deus providebit,* Dieu y pourvoira », était la devise du père Dujarié et le père Moreau y insistait aussi. Pour le frère André, la confiance en Dieu et en son ami, saint Joseph, étaient une seule et même réalité. Il disait souvent de Dieu et de saint Joseph : « Ils verront bien à trouver une solution. » Souvent, il joignait le nom de Marie à cette prière en disant : « Saint Joseph a un grand pouvoir sur le cœur de Dieu avec son épouse, la Vierge Marie. » On retrouve souvent des paroles semblables dans les déclarations des témoins lors du procès de béatification.

Selon l'un d'eux, le frère André répétait : « Priez saint Joseph. Il ne vous laissera jamais en chemin. » Encore une fois, c'était la confiance qui était, selon lui, la règle fondamentale de la prière.

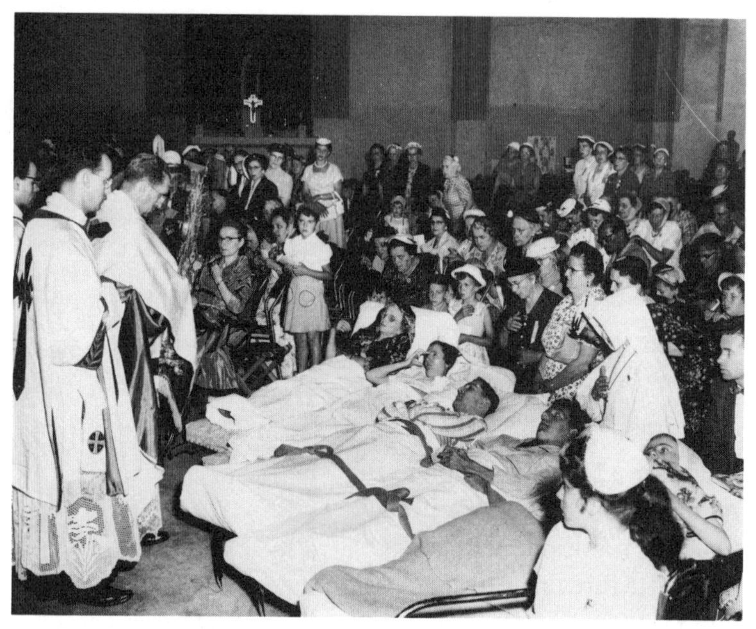

« Les gens qui souffrent ont quelque chose à offrir au bon Dieu. »

Lorsqu'une guérison avait lieu ou qu'il obtenait une faveur, il disait : « Merci, saint Joseph ! merci, saint Joseph ! » Et il racontait à tout le monde les faveurs que son grand ami avait obtenues du Tout-Puissant. Il savait que sa prière était exaucée et il passait sa vie à encourager les autres à prier avec la même confiance.

En lisant ces témoignages dans les mots mêmes des témoins lors du procès de béatification, on peut se demander: « Mais pourquoi a-t-il autant invoqué saint Joseph au lieu de s'adresser à Dieu directement ? »

En fait, sa foi était enracinée dans l'Évangile. Sa prière était catholique et universelle. « Sa principale dévotion, ont déclaré plusieurs de ses amis, était la Passion du Sauveur. » En fait, le frère André a enseigné à ne pas séparer une vraie dévotion à la Vierge Marie de celle à saint Joseph et spécialement à notre Seigneur. Depuis le noviciat, il avait appris les dévotions spéciales de la congrégation de Sainte-Croix, en particulier la dévotion à la Sainte Famille. Il hérita aussi des dévotions majeures du 19e siècle : le Sacré Cœur, la Sainte Face, le Précieux Sang de Jésus. Le frère André était un homme pieux et toutes ces dévotions l'attiraient.

Aussi, selon un témoin, il « parlait souvent de la Sainte Trinité. Il rappelait la bonté du Père, qui nous a donné son Fils unique. Il recommandait la prière à l'Esprit Saint, afin d'obtenir la lumière dont nous avons besoin lorsque nous devons prendre des décisions importantes. »

Un ami très intime du frère André a même déclaré : « Il ne m'a presque jamais parlé de saint Joseph, parce qu'il savait que je l'aimais bien. Il me parlait plutôt de la Sainte Vierge et du Sacré-Cœur. »

Intentions de prière

Les intentions de prière du frère André étaient habituellement plus larges que celles de ses visiteurs qui demandaient la guérison d'une blessure, l'affermissement d'une jambe, la vue pour un aveugle, ou même la conversion d'un pécheur. Il priait également aux grandes intentions de l'Église et celles du pape, surtout devant la montée du communisme en Europe. Il priait et faisait prier les gens pour la paix et pour la liberté entre les nations.

Ainsi le rôle du frère André dans la prière des pèlerins à l'Oratoire Saint-Joseph et dans la diffusion de la dévotion à saint Joseph, non seulement au Canada mais aux États-Unis et dans le monde, est nettement mis en lumière dans les déclarations des témoins lors du procès de béatification, au début des années 1940, peu de temps après sa mort.

En fait, les missionnaires venus de France avaient choisi saint Joseph comme patron du Canada en 1624 ; mais on a répété souvent que leurs efforts, comme ceux des prêtres et des évêques qui les ont suivis, n'auraient jamais réussi autant que le frère André à mieux faire connaître et aimer saint Joseph.

Notons également qu'il ne le faisait pas de sa propre initiative. Il était membre d'une congrégation vouée à répandre la dévotion à la Sainte Famille. Mais une décision des supérieurs de sa communauté n'aurait jamais suffi à obtenir un tel résultat.

En 1926, le supérieur général de Sainte-Croix, le père James W. Donahue, vint à Montréal visiter l'œuvre du frère André. Il avait passé une partie de sa vie dans la formation des jeunes religieux. C'était un homme fervent qui voulait que chaque membre de la congrégation développe une piété solide et une vie spirituelle profonde.

L'Oratoire Saint-Joseph en 1930.

Lors de sa première visite au Canada, il se souciait surtout de vérifier l'équilibre de cette piété populaire. Au terme de sa visite, il était heureux d'écrire dans son rapport que l'influence du frère André et de la communauté au service des pèlerins de l'Oratoire était très bien équilibrée et reflétait un sens très juste des valeurs religieuses.

Le père Donahue constata que la dévotion au Seigneur avait la première place à l'Oratoire, suivie d'une solide dévotion à Marie ; il ne trouva pas, comme il le craignait, de dévotion dominante ou faussée envers saint Joseph. Sa conclusion fut donc que tout se passait ici comme si Jésus et Marie s'étaient entendus pour répandre, grâce aux efforts de Sainte-Croix, une dévotion digne du chef de la Sainte

La chapelle primitive en 1918. Voir la photo de la page 157.

Famille. Il ajouta dans son rapport : « Le petit frère André à lui seul n'aurait jamais pu accomplir une telle œuvre. »

Avec un élan extraordinaire, ce dernier passait sa vie à répandre la dévotion à saint Joseph. Il s'appelait lui-même : « Le petit chien de saint Joseph. » Cela le faisait sourire parce qu'il se voyait déjà comme un vieillard de peu de valeur. Il était donc assuré que l'oratoire du mont Royal ÉTAIT L'ŒUVRE DE DIEU ET NON LA SIENNE.

Vue à vol d'oiseau de l'Oratoire, aujourd'hui.

La ligne des arcs de la basilique reproduisent celle des doigts joints pour la prière. Les Petits Chanteurs du Mont-Royal interprètent des œuvres de la Renaissance à nos jours, chaque dimanche, à la messe de 11 heures.

Dévotions chrétiennes

On a beaucoup parlé de la dévotion du frère André à saint Joseph, une dévotion qu'il tenait de sa mère. Il disait que, dans la prière en famille, elle invoquait le protecteur de Jésus pour tous les besoins. Plus tard, quand les guérisons se multipliaient, la confiance du frère André en saint Joseph devint le paravent de son humilité.

Les témoins ont cependant souligné plusieurs autres dévotions dans sa prière et il serait périlleux d'en reconnaître une sans mentionner aussi les autres. Voyons d'abord ce qu'est une dévotion chrétienne ; nous décrirons ensuite le milieu social où il a grandi. Sa vie spirituelle appararaîtra alors sous un éclairage plus complet.

Qu'est-ce qu'une dévotion chrétienne ?

Le mot latin « devotio » désignait à l'origine une coutume païenne qui consistait à « vouer » un être humain de façon permanente aux divinités infernales, soit pour les apaiser, soit pour gagner leurs faveurs.

Les premières générations chrétiennes ont employé ce mot pour désigner leur entière soumission au Dieu vivant. La dévotion était le premier acte religieux conscient, l'adoration parfaite du Créateur comme souverain Seigneur et Maître absolu de toutes choses. Se « vouer » à Dieu, s'en remettre à lui sans réserve, était la seule « dévotion » en ce sens chrétien initial.

Des siècles plus tard, comme dans les monastères flamands du treizième siècle, le mot changea de sens. Les moines insistaient sur l'amour au centre de toute vie chrétienne. La « dévotion » désigna le mouvement du cœur et de l'âme vers Dieu et vers les saints. On fit une nouvelle distinction entre la liturgie, la prière officielle de l'Église célébrée en latin, et les « dévotions » populaires qui touchaient plus directement la foi des gens. La dévotion à la Passion du Christ se répandit aux douzième et treizième siècles, à l'époque où le rosaire devenait de plus en plus populaire.

D'autres dévotions se sont développées par la suite : celle de la Sainte Face, des Cinq Plaies, du Précieux Sang de Jésus. Plus près de nous un prêtre chilien, le père Mateo Crawley, répandit la dévotion au Sacré-Cœur en Europe et en Amérique latine pendant et après la première Guerre mondiale.

Pour certains, les dévotions ont pu apparaître comme des substituts de la liturgie nés du fait qu'elle était célébrée en latin. D'autres y ont vu des formes secondaires de piété basées sur des images plutôt que sur la foi.

Citons-en quelques exemples. La vie de saint Georges, le soldat romain qui sauva une jeune fille des crocs du dragon, est l'une des plus obscures de la chrétienté. Mais en même temps, l'image du vaillant chevalier qui pointe sa lance contre le dragon est l'une des plus belles illustrations de notre victoire sur le mal. Saint Georges fut donc l'objet d'un culte croissant et l'on fit de lui d'innombrables icônes dans les Églises orientales d'Égypte, de Grèce et de Russie. Plu-

Saint Georges et le dragon.

sieurs villes d'Europe l'ont choisi comme patron en faisant tailler son image dans la pierre ; l'Angleterre l'a nommé patron du royaume. D'une manière semblable, bien des gens invoquent saint Christophe sans le connaître puisque tout ce que l'on sait de lui n'est que légende. Le curé d'Ars a répandu une dévotion semblable à sainte Philomène, dont l'existence était si douteuse que sa fête fut rayée du calendrier liturgique. Au dix-neuvième siècle, une étrange dévotion se développa autour de saint Expédit, un martyr turc du quatrième siècle. Par un jeu de mots, on a cru que son intercession était « expéditive » et il est invoqué depuis ce temps pour les causes urgentes.

Saint Expédit.

Évidemment, de telles « dévotions » populaires privées de tout fondement historique représentent des formes secondaires de la piété chrétienne et beaucoup d'efforts ont été faits pour les expliquer avec soin. En même temps, le fait que la fête de saint Georges soit encore célébrée le 23 avril démontre combien l'Église respecte les représentations populaires.

Dévotion et mystère chrétien

Une dévotion chrétienne peut aussi être enracinée dans la foi. Elle répond alors au besoin de mettre en lumière certains aspects de l'Évangile en fonction d'un mouvement de foi et de conversion. En ce sens les dévotions répondent à des besoins particuliers d'une culture, d'une époque ou d'un pays. Certaines sont plus centrales, comme les dévotions au Sacré-Cœur et à Marie, parce qu'elles touchent de près le cœur même du mystère chrétien.

Tel que proclamé au credo et après la consécration, le mystère chrétien est le salut apporté par le Christ, qui ramène l'humanité au Père, dans l'unité de l'Esprit, en vue du Royaume. C'est l'acclamation de la grande assemblée : « Nous proclamons ta mort, Seigneur Jésus, nous célébrons ta résurrection, nous attendons ta venue dans la gloire. » Ou suivant une formule plus développée : « Christ est venu, Christ est né, Christ a souffert, Christ est mort, Christ est ressuscité, Christ est vivant, Christ reviendra, Christ est là. »

Chaque élément du mystère chrétien peut à son tour donner lieu à une dévotion authentique. Par exemple, la vue du Christ en croix rejoint la dévotion chrétienne au sens total, car elle nous unit intimement à Jésus crucifié, mort et ressuscité pour nous. La croix telle que contemplée par saint Paul [1] est donc au centre de toute véritable dévotion au sens

---

[1] Lettre aux Philippiens 2, 6-11.

propre, et elle est ainsi devenue le signe et le symbole par excellence des chrétiens.

Crucifix d'Henri Charlier.

Le frère André, un frère de Sainte-Croix, nous a donné plusieurs exemples de dévotion chrétienne. Dans sa prière, selon une observation de son biographe, le mystère de l'incarnation contemplé dans la sainte Famille rejoint celui de la rédemption. Marie a donné Jésus au monde et Joseph fut son protecteur sur la terre. Leur mission était de l'aider à se préparer à sa propre mission de Sauveur du monde. Puis après avoir partagé sa vie sur terre, Marie et Joseph partagent sa gloire de ressuscité. Toutes les grâces obtenues par leur intercession découlent du même mystère chrétien.

Son milieu social

Enfin, pour mieux comprendre la dévotion chez le frère André, il est bon de décrire brièvement le milieu social dans lequel il a grandi. On pourra mieux apprécier la vie spirituelle de son temps en rappelant quelques notions d'histoire et de culture.

Le premier établissement européen permanent au Canada date de 1603, quatre ans avant le premier établissement anglais de Jamestown, en Virginie. Le pays fut d'abord une colonie française et le demeura pendant plus d'un siècle et demi. En 1759, sept ans avant la Révolution américaine, le général Wolfe s'empara de Québec et le pays fut cédé à l'Angleterre. Alfred Bessette a donc grandi dans un pays marqué par les changements qui ont suivi la conquête britannique.

La maison natale du frère André, à 50 kilomètres au sud-est de Montréal.

En 1763, lorsque fut signé le traité de Paris, la population blanche des rives du Saint-Laurent ne comptait qu'environ 70000 personnes, mais elle augmentait rapidement à cause des familles nombreuses. En très grande partie, elle était catholique et de langue française.

Dès lors, les Anglais imposèrent aux fonctionnaires le serment du Test, qui niait pratiquement la foi catholique. Il en résulta une opposition entre les deux cultures et la plupart des Français instruits, comme les officiers, les avocats, les juges et ceux qui possédaient quelques richesses quittèrent le pays.

Selon les historiens, les Français avaient apporté leurs institutions en Amérique. Entre autres, le système scolaire canadien, en 1760, se comparait à celui de France. Puis pendant quatre-vingt ans, trois générations furent pratique-

Le collège des Jésuites à Québec, en 1759

ment privées d'écoles alors que les curés enseignaient à quelques garçons. La mère d'Alfred, Clothilde Foisy, avait appris à lire dans son village natal de Chambly.

Signature de la mère du frère André le jour de son mariage.

C'est elle qui enseigna à son enfant à lire et à écrire. C'est ainsi que le frère André pouvait lire à haute voix lorsqu'il dirigeait l'heure sainte avec ses amis dans la nouvelle crypte de l'Oratoire en 1919. Le fait qu'il était capable de lire le plaçait au-dessus de la moyenne à son époque.

Quatre ans avant sa naissance en 1845, le parlement de Londres renversa une décision du gouvernement canadien qui soumettait encore les écoles à l'évêque anglican de Québec et l'Église catholique put enfin mettre sur pied le système d'écoles publiques. Cette année-là, Mgr Ignace Bourget, l'évêque de Montréal, alla demander au père Basile Moreau, au Mans, en France, des frères enseignants. Le fondateur de Sainte-Croix lui expliqua qu'il ne pouvait pas envoyer de frères seuls puisque, dans sa communauté, les sœurs, les frères et les pères travaillaient ensemble. L'évêque répondit qu'il avait déjà des sœurs canadiennes. Ils en vinrent à une entente et huit frères, quatre sœurs et deux prêtres de Sainte-Croix arrivèrent au Canada au printemps de 1847. Ils allaient aider à mettre sur pied un système scolaire dans un pays qui en avait grandement besoin, puisque 90% des hommes ne savaient même pas signer leur nom.

Le Père Basile A. Moreau, c.s.c..
(1799-1873)

Une culture orale

Quand Alfred Bessette arriva en Sainte-Croix, il appartenait donc à une culture orale où les gens se fiaient beaucoup à leur mémoire. Il n'a jamais rêvé de pouvoir enseigner. Comme novice, il a suivi le programme offert aux

religieux qui se destinaient à des travaux manuels. Entre autres études, ces novices apprenaient par cœur le sermon sur la montagne, les chapitres 5, 6 et 7 de saint Matthieu.

Bien qu'il n'eût jamais fréquenté l'école, Alfred avait du talent. Il était doué d'un esprit vif, du sens de l'humour et d'une excellente mémoire. Il a donc appris facilement par cœur le sermon sur la montagne. Et à mesure qu'il prenait goût à la Parole de Dieu, il apprit par cœur les paraboles, les récits de miracles et plusieurs autres passages, spécialement les chapitres sur la Passion de Jésus, qu'il pouvait raconter en détail. Il connaissait sûrement par cœur plus de passages d'Évangile que bien des prêtres, et c'est ce qui fait qu'il était si bien enraciné dans l'Évangile. Il le devait à sa culture, d'une part, et d'autre part, à la formation reçue chez les frères de Sainte-Croix.

La tradition de Sainte-Croix

Seize jours après l'arrivée d'Alfred Bessette à la Côte des Neiges, comme postulant, le pape Pie IX proclama saint Joseph comme Protecteur universel de l'Église. Le pape suivait en cela une tradition longuement établie : « Saint Joseph a protégé le Christ, il peut maintenant protéger son corps qui est l'Église. » De nombreux articles furent publiés et il n'y a aucun doute que les jeunes religieux entendirent beaucoup parler du rôle de leur saint patron dans le mystère chrétien.

À la même époque, également, un prêtre âgé, le père Narcisse Hupier, c.s.c., eut une profonde influence sur lui. Comme prêtre diocésain, le père Hupier avait été aumônier des frères de Saint-Joseph fondés en France par le père Jacques Dujarié, puis il est entré avec eux dans la congrégation de Sainte-Croix du père Moreau.

En 1872, le père Hupier fut envoyé au Canada et il demeura avec Alfred au collège Notre-Dame. Ce prêtre avait une telle réputation de sainteté que lorsqu'il mourut au Nouveau-Brunswick, la population acadienne déroba son corps avant qu'il ne fût expédié à Montréal et l'enterra dans son propre sol. En plus de vivre avec lui, le frère André suivit une de ses retraites et se souvint de lui comme d'un excellent prêtre, un témoin vivant de la fondation de Sainte-Croix.

La Passion

« La dévotion à saint Joseph n'était pas la dévotion prédominante du frère André, sa principale dévotion était la Passion de notre Seigneur. »

Cette observation surprenante du biographe du frère André, le chanoine Étienne Catta, est fondée sur les meilleurs témoins.

« Sa principale dévotion, a déclaré le premier témoin, était à la Passion de notre Seigneur. Il a souvent recommandé de prier le Sacré-Cœur. Il avait une vénération remarquable pour le Précieux Sang de Jésus. » Quand il voulait parler très sérieusement à un pécheur, il racontait en détail l'histoire de la Passion. « Toutes ses dévotions semblaient fondées sur sa dévotion à la Passion de notre Seigneur, déclarait le même témoin. Le mystère de la Passion est celui sur lequel il méditait le plus dans sa prière et dont il a le plus parlé. »

La douzième station
dans les jardins de l'Oratoire.

Ceux qui ont entendu le frère André raconter la Passion en furent si impressionnés qu'ils s'en sont souvenus le reste de leur vie.

En fait, le frère André était un excellent conteur. Des fois, il reprenait toute l'histoire de Jésus à partir de sa naissance. D'autres fois, il racontait les paraboles qu'il avait apprises par cœur et les redisait dans ses propres mots. Le premier témoin, qui a connu le frère André durant vingt-cinq ans, affirma qu'il pouvait raconter toute la vie de Jésus. Mais il ajouta qu'il parlait surtout de la Passion.

Cela correspondait aussi bien à sa culture et à son époque qu'à la tradition de Sainte-Croix.

Selon les témoins, quand il parlait de la Passion, son visage changeait, et il donnait tous les détails comme s'il avait été présent. Il racontait l'histoire du grand-prêtre, de Ponce Pilate, des trente-neuf coups de fouet. Puis il racontait le chemin de la croix, comment Jésus rencontra sa mère, comment il était le serviteur souffrant, comment il fut cloué par les mains et par les pieds.

Mais il avait ses propres mots, ses propres expressions pour redire une histoire si bien connue, y mêlant ses propres émotions comme s'il avait été présent et conscient de tout. Comme le dit un témoin, « il parlait de la Passion comme s'il en avait vécu tous les détails ; si vous l'aviez vu, vous auriez compris qu'il souffrait avec Jésus. »

Une autre chose sur laquelle les témoins sont revenus à plusieurs reprises est qu'ils ne se fatiguaient pas de l'entendre raconter la Passion de Jésus. « Je l'ai entendu deux fois raconter la Passion, déclara l'un d'eux. Cela prenait deux heures. J'aurais bien voulu l'entendre une troisième fois, mais je n'ai pas osé le demander. »

Un autre a dit : « Quand le frère André se mettait à parler de la Passion, il n'en finissait plus. »

Un jour un homme l'invita à son chalet d'été. Le frère André, sachant que cet homme ne menait pas une très bonne vie, se mit à raconter l'histoire de la Passion. « Tous s'assemblèrent autour de lui, dit le témoin, et cela dura trois heures. Chacun écoutait et en était ému. À la fin, l'homme remercia le frère André, les larmes aux yeux. »

Malheureusement, aucun enregistrement n'a été fait et personne ne prit de notes. Les témoins ne se rappelaient que de quelques phrases comme : « L'amour que notre Seigneur avait durant sa Passion met en pleine lumière l'amour de Dieu pour nous. » Le but évident du frère André en racontant la Passion était d'amener les gens à se rendre compte de cet amour.

Le 8 octobre 1925.

Il le fit souvent selon les témoins : « fréquemment », dirent les uns ; « constamment », dirent les autres. Ceux qui ont eu la chance d'entendre plusieurs fois son récit de la Passion disent que ce n'était jamais ennuyeux. « Chaque fois, disaient-ils, nous apprenions quelque chose de neuf. » Par ailleurs, le frère André était conscient que ses auditeurs étaient réconfortés par le récit des souffrances de notre Seigneur et ils repartaient réconciliés et plus prêts à faire face à leurs difficultés quotidiennes.

Un prêtre se souvenait aussi que quand le frère André allait le voir à sa chambre, il lui parlait souvent de la Passion. Il pouvait réciter par cœur de long passages de l'Évangile, parfois les larmes aux yeux.

Le 3 septembre 1916.

Il disait à tous qu'ils devraient avoir un crucifix à la maison, et si une statue était plus visible que le crucifix, il le mentionnait à ses amis. C'est une autre raison qui faisait dire aux témoins que la Passion de notre Seigneur était sa principale dévotion.

La parole de Dieu

Une autre dévotion importante du frère André fut envers la Parole de Dieu. Comme nous l'avons déjà dit, durant son noviciat, ceux qui n'étaient pas destinés à l'enseignement ne savaient parfois ni lire ni écrire. Ils étaient de culture orale et leur mémoire était assez souvent plus fidèle que la nôtre, car ils l'exerçaient tous les jours.

Pendant son noviciat, il apprit le sermon sur la montagne comme les autres, mais comme il savait lire et qu'il avait aimé apprendre le sermon sur la montagne, il décida d'apprendre, en bonne partie, « Les quatre Évangiles en un seul » un livre qui mettait dans un seul récit continu des extrait des saints Matthieu, Marc, Luc et Jean. Mais pour la Passion, il apprit chacun des quatre récits de façon à pouvoir les raconter dans une même histoire.

Ainsi, durant toute sa vie, lorsque les gens venaient lui demander conseil, il citait facilement l'Évangile de mémoire. Il avait nourri et développé en lui le goût de la Parole de Dieu, qui était parmi ses lectures et ses méditations préférées. Puis en parlant avec ses amis, il partageait le fruit de ses méditations.

Le 19 avril 1927.

Un exercice qui rejoindrait beaucoup l'esprit du frère André serait la lecture continue d'un des quatre Évangiles, puisqu'une telle pratique donne une meilleure vue d'ensemble de la vie de Jésus en même temps qu'une meilleure perception du but de chaque évangéliste.

Après le récit de la Passion, les pages de l'Évangile dont le frère André a le plus souvent parlé sont les paraboles de la compassion et de la miséricorde. Il racontait l'histoire de l'enfant prodigue, de la brebis égarée, de la pêche miraculeuse, de la multiplication des pains.

Il disait à ses amis : « Voyez. J'ai trouvé quelque chose d'intéressant pour vous. Cela vous fera du bien. » Évidemment, la page était bien connue, mais la lecture en était aussi nouvelle que la première fois. Il ajoutait : « Il ne suffit pas de la lire une fois – il faudra la relire quand vous serez seul. »

Il se réjouissait et le disait aux autres quand des gens revenaient en lui disant ce qu'ils avaient compris dans une deuxième ou une troisième lecture.

L'Eucharistie

En plus de sa dévotion à la Passion du Seigneur et à la Parole de Dieu, le frère André avait une dévotion remarquable à l'Eucharistie. Surtout dans les premières années de la chapelle primitive, il servait la messe de presque tous les prêtres qui y venaient.

Dans la chapelle primitive vers 1906.

Même dans les années qui suivirent, alors qu'il était de plus en plus actif, il prenait habituellement le temps d'assister à la messe deux ou trois fois chaque matin. La prière était sûrement une activité importante pour lui. La messe était alors en latin et le plus souvent silencieuse. Il y assistait de sa stalle, derrière l'autel, et c'était pour lui un moment précieux de sa journée. Il expliqua à ses amis que durant la messe, il offrait son travail et ses difficultés en union avec le Christ dans sa Passion.

Il recevait la communion chaque jour et tous se souvenaient qu'il passait ensuite beaucoup de temps en profonde union avec le Christ présent en lui. Dans ses fréquentes maladies, il demandait qu'on lui Apporte la communion au lit. Il la faisait toujours suivre du même temps d'action de grâce. En voyage, il assistait toujours à la messe et restait ensuite à l'église où il passait une demi-heure ou trois quarts d'heures en action de grâce.

Le Tabernacle

Sa dévotion au saint Sacrement était tout aussi remarquable. Il passait beaucoup de temps devant le tabernacle en dialogue avec le Seigneur. Il disait parfois qu'il allait prier cinq minutes, mais une fois absorbé dans sa prière, il y restait souvent plus d'une heure.

Un témoin a déclaré : « Chaque fois que j'ai vu le frère André prier devant le saint Sacrement, j'ai eu l'impression qu'il était profondément absorbé dans sa prière. » Un autre a dit : « À chaque fois que j'ai dû aller le déranger dans sa stalle, j'ai eu l'impression que je l'enlevais à une conversation importante avec Dieu ; je cherchais donc à le laisser seul le plus possible. »

En vacances, il passait encore plus de temps à l'église. Quand il pouvait être seul, il aimait s'agenouiller à la table de communion ou même, s'il était sûr que personne ne viendrait, sur le premier degré de l'autel, les bras croisés et sans appui. Il avait une longue pratique de cette position et pouvait facilement y rester des heures immobile. C'est ainsi qu'il priait dans les premières années, dans la chapelle primitive, à genoux et sans appui. Il priait de la même manière chaque soir au retour de ses visites aux malades.

Le chemin de la croix

Ses dévotions à la Passion et à l'Eucharistie ajoutées à son souci des autres donna lieu à une pratique qui dura des années à l'Oratoire : l'heure sainte suivie du chemin de la croix le vendredi soir.

Le chemin de la croix dans les jardins de l'Oratoire, terminé en 1956, fut la réalisation d'un des rêves les plus chers au frère André.

Au début, il invita un petit groupe d'amis à venir prier avec lui alors qu'il faisait une dernière visite à la chapelle le soir. Le chef Raoul Gauthier raconta cette histoire à un journaliste quelques années plus tard.

« C'était en 1919. Après être venu deux fois le vendredi soir, j'ai réalisé que le frère André faisait alors son heure sainte. J'en ai parlé à quelques officiers de mon équipe et le vendredi suivant, un petit groupe d'hommes vinrent prier avec lui. Cela dura deux ans.

« Puis de plus en plus de gens qui voulaient prier avec le frère André se joignirent au groupe. À leur tour, ils invitèrent des membres de leur famille et de leurs amis. À la fin de l'heure sainte, nous assistions au chemin de la croix dirigé par le frère André. Ensuite, les autorités diocésaines nous ont donné la permission d'avoir l'exposition du saint Sacrement. »

Des groupes venaient, des chorales assuraient le chant et ceux qui y étaient venus une fois voulaient revenir. Les gens étaient impressionnés. Comme la crypte venait d'être construite l'année précédente, le frère André n'avait pas encore sa stalle derrière l'autel. Au début, il utilisait un banc au milieu de l'église et se sentait bien à l'aise parmi ses amis. Il allumait un cierge, laissait tomber quelques gouttes de cire sur le banc et y collait le cierge.

L'intérieur de la crypte dans les années 1920.

Cela commençait par une demi-heure de lecture sur la Passion de notre Seigneur, une lecture faite par le frère André lui-même. La demi-heure suivante, un de ses amis prenait le livre et poursuivait la lecture, car la voix du frère André faiblissait. Ils faisaient ensuite les litanies du Sacré-Cœur, envers qui le frère André avait une grande dévotion. Au début, trois, quatre ou cinq personnes assistaient. Ils restaient alors dans l'obscurité sauf pour la lampe du sanctuaire et le cierge du frère André.

À peine quatre ans plus tard, 126 personnes qui y assistaient signèrent une pétition à l'évêque pour que le saint Sacrement puisse y être exposé. L'évêque répondit : « Vous pourrez exposer le saint Sacrement si au moins deux cents personnes y assistent. » La première fois, 400 personnes y étaient et le nombre continua d'augmenter.

Le Sacré-Cœur

Dans une de ses visions à Paray-le-Monial, sainte Marguerite-Marie nota le message suivant : « Toutes les nuits du jeudi au vendredi, je te ferai participer à cette mortelle tristesse que j'ai bien voulu ressentir au jardin des Oliviers ; cette tristesse te réduira, sans que tu puisses comprendre, à une espèce d'agonie plus rude que la mort. Pour m'accompagner dans cette humble prière que je présenterai à mon Père parmi toutes mes angoisses, tu te lèveras entre onze heures et minuit pour te prosterner pendant une heure devant moi, la face contre terre, tant pour apaiser la divine colère, en demandant miséricorde pour les pécheurs que pour adoucir en quelque façon l'amertume que je ressentais de l'abandon de mes apôtres, et qui m'obligea à leur reprocher qu'ils n'avaient pu veiller une heure avec moi ... »

Nul ne sait si le frère André connaissait ce passage célèbre, écrit par sainte Marguerite-Marie au dix-septième siècle. Mais en remontant ainsi dans l'histoire, nous trouvons le lien entre les deux dévotions du frère André, l'heure sainte et le chemin de la croix.

Il aimait un autre livre écrit par une sœur de la Visitation à Chambéry, Marie-Marthe Chambon, qui écrivit sur le Sacré-Cœur tout comme sainte Marguerite-Marie. Mais elle unissait l'heure sainte à sa dévotion aux cinq Plaies de Jésus. Le frère André reliait de la même manière ses deux dévotions en une seule prière continue: l'heure sainte est l'agonie, comme un prélude à la condamnation par Pilate, suivie du chemin de la croix.

La fête de saint Joseph, le 19 mars 1924.

On est surpris de penser que les amis du frère André restaient ainsi une heure et demie et peut-être deux heures avec lui. Cela montre sûrement l'influence qu'il avait sur eux. Et il semble qu'ils aimaient cela: c'était beau; le frère André allait d'une station à l'autre en méditant à voix haute sur chaque station, sans livre. En fait, il avait plusieurs livres sur le chemin de la croix et beaucoup à dire sur chaque station sans répéter les mêmes idées. Plus tard, quand ces centaines de personnes assistaient, un prêtre dirigeait l'office de prière.

Répandre ces dévotions

En conversations privées, le frère André s'arrêtait sur l'amour de notre Seigneur, la Passion et l'Eucharistie. Sa manière de s'agenouiller dans l'église pour la prière et pour la communion était à elle seule une inspiration. Mais il parla aussi de ses dévotions. Plusieurs ont cité les paroles suivantes : « Allez communier. Allez communier souvent. » Ou encore : « Notre Seigneur ne peut pas vous refuser une faveur quand il est présent dans votre cœur. Allez trouver en lui votre force, votre joie et votre consolation. » Ainsi le frère André cherchait à convaincre les gens avec attention et affection. Il parlait des préoccupations de chacun : leur famille, leur santé, leurs souffrances. « Mais il finissait toujours par leur parler de la messe et de l'importance de la communion. »

« La communion est la vie de l'âme. Si vous preniez un seul repas par jour, qu'arriverait-il ? C'est la même chose pour votre âme, il faut nourrir votre âme par l'Eucharistie. » Il ajoutait : « Il y a une belle table servie devant nous, remplie de nourriture. Mais nous ne prenons même pas la peine de la prendre ! »

La Vierge Marie

Un des témoins les plus connus du procès de béatification du frère André fut l'ancien supérieur général des religieux de Sainte-Croix, le père Albert Cousineau. Il fut le dernier supérieur du frère André à la fin de sa vie et il devint plus tard évêque en Haïti. Comme témoin durant le procès de béatification, il parla spécialement de sa dévotion à Marie :

« Il avait un grand amour de la Vierge Marie, dit-il, et une très grande dévotion envers elle. »

Albert-F. Cousineau, c.s.c.

L'expression la plus visible de cette dévotion était qu'il avait sans cesse le chapelet à la main, dès qu'il trouvait le temps de prier en allant de la résidence à son bureau ou de son bureau à la chapelle ou à la crypte. Les témoins se souvenaient qu'effectivement, il priait. S'ils voulaient lui parler, tous savaient qu'ils devaient attendre quelques secondes qu'il finisse un Je vous salue, Marie ou une dizaine de son chapelet.

Quand il visitait des malades, il disait le chapelet avec son chauffeur en voiture, puis il continuait seul lorsqu'il parcourait de longues distances. Quand il revenait de ses visites aux malades, il priait quelque temps à la crypte. S'il faisait beau, il allait et venait avec son chauffeur juste en face de l'Oratoire et disait encore le chapelet.

Le frère André aimait aussi parler de Marie. « Elle est la Mère de Dieu, disait-il avec admiration. Et encore : « Nous devons aimer la sainte Vierge, parce qu'elle est la mère de notre Seigneur Jésus Christ. » Il l'appelait aussi : « Notre Mère du ciel. »

C'était aussi une dévotion héritée de sa mère Clothilde, qui l'aimait tellement et qu'il aimait tellement. Quand il était petit et qu'il récitait le chapelet avec elle, ses petits doigts tenaient les grains qui venaient de glisser sous les doigts de sa mère. Clairement, la relation qu'il avait développée envers sa mère s'appliqua à la Vierge Marie.

« Regardez tous les saints, disait-il, vous verrez que tous avaient une dévotion spéciale à Marie ; son intercession est très puissante, elle est la mère de Dieu et la mère des hommes. »

Si le frère André avait grandi à notre époque, il aurait sans doute adopté un langage plus inclusif : mère des hommes, des femmes et des enfants, pour ne laisser personne de côté !

La statue de la Vierge près de l'Oratoire en 1909.

Paysan canadien du dix-neuvième siècle, le frère André ne montait pas dans les hautes sphères de la théologie abstraite, ni pour Marie, ni pour Joseph. Sa dévotion envers les parents du Sauveur suivait celle qu'il avait connue dans la prière familiale, durant son enfance.

Marie-Léonie Paradis, c.s.c.

Héritage de Sainte-Croix

La congrégation de Sainte-Croix encourageait la même dévotion à Marie. Le premier supérieur de Sainte-Croix en Amérique avait remarqué combien les gens aimaient prier dans la maison de la sainte Famille, à Lorette, en Italie. Il en fit construire une réplique sur le campus des sœurs de Sainte-Croix à South Bend, en Indiana, et obtint du pape les mêmes indulgences qu'on accordait aux pèlerins en Italie. Une sœur de Sainte-Croix bien connue, Marie-Léonie Paradis, a passé des heures dans cette chapelle de Lorette, à appliquer ses cinq sens à recréer l'intimité de la sainte Famille. Elle fonda ensuite les Petites sœurs de la Sainte-Famille, et fut béatifiée à Montréal par le pape Jean-Paul II en 1984.

La *Santa Casa* de Lorette à South Bend, Indiana.

Elle vint au collège Notre-Dame en 1875, en conduisant ses premières postulantes à Sainte-Marie, en Indiana. Huit jeunes femmes était arrivées un mois plus tôt et occupaient, pour tout couvent, la salle de communauté des religieux. Sœur Marie-Léonie avait 35 ans, le frère André en avait 30.

Elle était entrée en Sainte-Croix alors que les sœurs, les frères et les prêtres appartenaient à une seule et même communauté. Les supérieurs hésitèrent à l'accepter à cause de sa santé fragile, comme pour le frère André. Mais le fondateur lui-même, le père Moreau, l'admit à la profession religieuse quand il visita Saint-Laurent, en 1857. Elle passa le reste de sa vie à collaborer spécialement avec les frères et les pères.

Marie-Léonie connut le frère André durant 37 ans et le rencontra aussi souvent qu'elle visita ses sœurs au collège Notre-Dame. Elle fonda le couvent des sœurs, à l'Oratoire, quelques mois avant sa mort en 1912.

La chapelle de la Sainte-Famille construite par le père Jacques Dujarié.

Elle avait reçu le même héritage spirituel en Sainte-Croix. Leur dévotion commune à la sainte Famille était déjà celle du fondateur des frères de Saint-Joseph en 1820, le père Jacques Dujarié. La première chapelle qu'il construisit en 1811 pour les sœurs de la Providence, fondées à Ruillé-sur-Loir, était aussi dédiée à la sainte Famille.

En suivant le même héritage, le frère André passa beaucoup de temps à appliquer ses cinq sens à recréer l'intimité de Jésus vivant avec Marie et Joseph. C'était une dévotion typique et fondamentale de Sainte-Croix.

En reliant sa dévotion à Marie à celle de la Passion du Sauveur, il invoquait également Notre-Dame des Douleurs, la patronne spéciale de la congrégation de Sainte-Croix.

Toute cette prière, encore une fois, était très simple. Lisons par exemple quelques lignes d'un de ses livres de méditations préféré, rempli d'expressions bibliques :

« Marie appelle ses enfants... Venez, mes enfants, venez tous à moi. Ne suis-je pas votre mère ? Une mère peut-elle oublier ses enfants ? Mais quand une mère les oublierait, moi je ne les oublierais pas. Si l'on pouvait réunir dans un seul cœur l'amour de toutes les mères », ce ne serait rien auprès de mon amour pour vous. » Suivait une prière : « Ô Marie, comment oserais-je approcher de vous ? Vous êtes si pure, si sainte, si parfaite, si grande ! Je suis si pauvre et si misérable ! Permettez-moi de m'unir à tous les anges en disant : "Je vous salue, Marie. "»

C'est une prière toute simple et remplie d'affection, comme on les aimait au dix-neuvième siècle.

Bénédiction de la statue par Mgr Linneborn, c.s.c., le 22 août 1909.

Le frère André aimait spécialement la représentation de la médaille miraculeuse, celle où Marie a les mains ouvertes de chaque côté. C'est le modèle choisi pour la statue sur le terrain de l'oratoire Saint-Joseph en 1909. Il souhaitait en avoir une à sa chambre, mais il n'osait pas le demander. Un jour, pourtant, quelqu'un lui en offrit une qu'il put conserver dans sa chambre.

Il récitait aussi le Petit Office de la sainte Vierge, un autre de ses livres favoris.

Pour lui, la dévotion à Marie et à saint Joseph n'étaient pas séparables. Comme il l'a répété à ses amis, « Vous ne pouvez pas aimer l'un sans l'autre. Ils vont ensemble et on ne peut pas les séparer. »

Son charisme dans l'Église était sûrement de répandre la dévotion à saint Joseph. Mais il savait, par exemple, qu'une de ses amies remarquables, sœur Marie-Anne Leblanc, avait une grande dévotion à Marie. Il lui dit de prendre une médaille de la sainte Vierge quand elle priait avec les malades. Il respectait sa propre prière et ne chercha jamais à lui imposer sa dévotion à saint Joseph. En fait, il déposait lui-même ses médailles de saint Joseph devant une statue de Marie pour un moment de prière, avant de les distribuer aux gens.

Et dans son langage de paysan canadien du dix-neuvième siècle, il ajoutait : « Quand la Vierge Marie et saint Joseph intercèdent ensemble, *ça pousse fort !* »

Marie avait une place d'honneur sur la propriété de saint Joseph.

LE FRÈRE ANDRÉ, NOVICE. — Alfred Bessette devint novice le 27 décembre 1870 ; mais un an plus tard, le conseil provincial décida de ne pas l'admettre à la profession religieuse à cause de sa mauvaise santé. On lui permit cependant de demeurer novice. Il fit enfin ses vœux le 22 août 1872. Sa profession perpétuelle eut lieu le 2 février 1874.

Ses nombreux amis

Le frère André fut membre d'une communauté et il a passé sa vie, comme frère de Sainte-Croix, dans une maison de sa communauté. Son horaire, cependant, différait un peu. Portier durant quarante ans, il mangeait avant les autres pour répondre à la porte durant les repas. Au cours des vingt dernières années de sa vie, cinq soirs par semaine, il mangeait à l'extérieur de la communauté, habituellement dans la famille du chauffeur qui le conduisait auprès des malades. C'était le supérieur qui lui préparait la liste des personnes qu'il devait visiter. Il a donc été toute sa vie, dans le plein sens du mot, un frère de Sainte-Croix.

Au tournant du siècle, cependant, son sens de la communauté s'est élargi. Non pas qu'il ait fondé une communauté religieuse, mais depuis le début de l'oratoire Saint-Joseph, il s'est entouré d'un groupe d'amis qui ont pris une part active à ses projets. Ils l'ont soutenu en tout temps, ils ont vécu sous son influence, leur nombre n'a jamais cessé de croître et il les a sûrement beaucoup aimés.

Sans eux, sa vie n'aurait pas été la même. Ses amis étaient non seulement ses collaborateurs, mais ils transmettaient aux autres son inspiration. Ils s'occupaient de lui quand il était fatigué, ils étaient chaque jour le soutien de sa bonne humeur et la joie de sa vie. En toute circonstance, ils furent proches; discrets, mais toujours prêts à l'aider. Durant toutes ces années on les désignait simplement en disant : « C'est un ami du frère André. »

Peu de saints eurent autant d'amis et encore moins les ont gardés aussi longtemps que lui. Sainte Catherine de Sienne en serait un autre exemple. Mais le fait demeure un trait assez particulier dans la vie des saints.

Les récits que ont laissés la plupart des amis du frère André indiquent qu'ils l'ont rencontré de la même manière : ils étaient malades ou en difficulté. Ils sont allés le voir et il les a conduits à saint Joseph. Par sa simplicité et sa foi rayonnante, il a su créer avec chacun des liens durables, des liens d'affection très réelle et bien sentie. Il disait à ses intimes : « Il ne faut s'attacher qu'à Dieu seul », en expliquant qu'on ne doit pas toujours montrer à ses amis à quel point on les aime. Et pourtant, tous savaient combien il les aimait. D'autre part, leur amitié n'aurait pas duré aussi longtemps s'il n'avait fait preuve d'autant de discrétion, de détachement et de respect à leur égard.

AIMER est la première règle de toute vie chrétienne. Si le frère André n'avait pas autant AIMÉ les gens, il ne se serait jamais mis dans les situations qu'il a provoquées. D'ailleurs, les gens ne s'y trompaient pas : tous se savaient aimés. Ensuite, il tournait leur affection sur saint Joseph et sur le Dieu vivant. Ceci est encore plus évident dans le cas de ses amis les plus proches.

Jules-Aimé Maucotel

En 1905, un groupe de laïcs s'est réuni pour promouvoir le développement de la première chapelle. Ces gens avaient été convoqués par un homme qui mérite plus d'attention, Jules-Aimé Maucotel.

Le greffier
Jules-Aimé Maucotel

Son amitié a commencé par une maladie. À l'automne de 1905, monsieur Maucotel souffrait d'épuisement. Il dût emprunter, et plus la pression de ses créanciers augmentait, plus il se décourageait et devenait neurasthénique. C'est alors qu'il entendit parler du petit frère portier du collège Notre-Dame. Dès sa première rencontre, sa vie fut transformée. Il devint l'un de ses meilleurs amis et retrouva le goût de vivre. Il allait au mont Royal et faisait le chemin de la croix avec lui chaque soir. En peu de temps, il retourna au travail et paya ses dettes. La joie et la santé étaient revenues dans sa maison.

Il n'est pas étonnant que cet homme ait consacré autant d'énergies et d'enthousiasme au développement de l'oratoire. Son nouveau créancier était saint Joseph et il était prêt à tout pour lui faire plaisir. Il jouait l'harmonium, faisait office de chantre et de sacristain, passait la quête, accueillait les gens. Il fut le chef de file pour obtenir toutes les permissions en vue du progrès de l'oratoire. De son côté, le frère André l'appelait simplement son conseiller.

Quand il prit l'initiative de conduire le frère André en voyage à Québec puis au sanctuaire déjà bien établi de Sainte-Anne de Beaupré, il avait son idée derrière la tête. En sortant de l'église, il fit remarquer au frère la grande affluence de pèlerins et lui dit : « Un jour, nous aurons plus beau que ça à l'oratoire. » — « C'est pas possible », répondit le portier, en faisant mine de ne pas y croire. Mais son ami observa qu'il avait un grand sourire et de la joie plein les yeux quand il se tourna de nouveau vers lui.

Peu après, Jules-A. Maucotel alla trouver le supérieur provincial, le père Georges-A. Dion, pour lui parler des projets du frère André. Ce fut peine perdue. Le prêtre répondit au généreux laïc que tout cela pouvait attendre... Il fallut en effet attendre encore deux ans !

Monsieur Maucotel avait 47 ans quand il réunit des amis du frère André chez lui. Ils ont d'abord tenu des réunions, esquissé des plans, recueilli deux mille signatures. Lorsqu'ils se dirent prêts à prendre charge du projet, le supérieur et l'évêque donnèrent leur accord. À l'été de 1908, un abri de cent pieds (30,50 m) de longueur fut élevé derrière la chapelle, puis on y ajouta du chauffage, une sacristie, une chambrette et un clocher. En mars 1914, la décision était déjà prise d'élever un immense sanctuaire sur la montagne.

Ce plan de la crypte, de Viau et Venne, fut publié le 13 mai 1916.

L'homme qui avait rendu ce projet réalisable fut de loin le plus actif des amis du frère André à cette époque. Quand la revue fut fondée en 1912, il vendit des abonnements. Il avait une image de saint Joseph dans chaque pièce de sa maison. À l'âge de 67 ans, il dut subir une grave opération. Mais le frère André lui dit : « Ne craignez pas, j'ai encore besoin de vous ! »

Il avait quinze ans de moins que le frère et mourut un an après lui, à l'automne de 1938.

Émile Gadbois

Un autre ami remarquable du frère André étudiait à l'université de Montréal vers 1908. Il voulait devenir pharmacien. Un jour de fête, il monta au mont Royal dans le but de prier, dans dans la petite chapelle, pour le succès de ses examens. Une foule nombreuse s'était rassemblée. Le frère André parlait aux pèlerins et les écoutait. Puis au moment de la bénédiction du saint Sacrement, vers trois heures de l'après-midi, une jeune femme infirme se leva en criant : « Je suis guérie ! » Et elle se mit à marcher.

La chapelle en 1908.

Cela fit sensation et l'étudiant d'université était d'autant plus intéressé qu'il venait tout juste de parler au frère André. « Avez-vous du temps pour causer ? » lui demanda ce dernier. Bien sûr qu'il avait le temps !

Après la célébration, ils s'assirent ensemble pour parler longuement de l'importance d'une bonne vie chrétienne.

Depuis cette première rencontre, Émile Gadbois n'a jamais cessé de venir passer du temps avec son ami du mont Royal. Devenu pharmacien, il dirigeait ses clients vers l'oratoire. Quelques années plus tard, il conduisait une bonne voiture et devint l'un des premiers chauffeurs réguliers du frère André dans ses visites aux malades, le soir après cinq heures, du lundi au jeudi.

Il connut aussi des jours difficiles. Son épouse malade de tuberculose fut longtemps confinée aux sanatoriums. Un jour, elle fit une hémorragie pulmonaire et le médecin déclara qu'elle ne passerait pas la nuit. À 3 h 30 du matin, il alla frapper à la fenêtre du frère André. « Entrez, lui dit le vieillard après avoir ouvert sa vitre, nous allons faire le chemin de la croix tous les deux. Votre femme est très bien. » C'était déjà un acte de foi que de l'avoir laissée en pleine nuit pour aller prier. Ensemble, ils firent le chemin de la croix lentement, à la manière du frère André. Puis l'homme retourna auprès d'elle et la trouva mieux. Elle vécut encore cinq ans.

Monsieur Gadbois se remaria et sa seconde femme, qui était enceinte de son huitième enfant, fut atteinte de pneumonie. Le médecin était très inquiet et consulta deux spécialistes. Selon eux, il n'y avait qu'une seule solution : sacrifier l'enfant pour sauver la vie de mère. Sinon, les deux seraient perdus.

Émile Gadbois parla du frère André à son médecin. Il répondit : « Je suis catholique, je crois en ma religion. Mais je pense que le frère André ne peut rien faire dans le cas présent. » Cela ne découragea pas monsieur Gadbois qui vint en parler à son ami. Ce dernier lui dit : « Ce n'est pas à nous de sacrifier une vie, pas même celle d'un enfant. Laissez donc faire la volonté du bon Dieu. » La femme et son mari étaient d'accord et, en fin de compte, l'enfant et la mère furent sauvés.

L'Oratoire Saint-Joseph en 1910.

Sa grand-mère souffrait d'arthrite, elle était incapable de plier les genoux. « Mettez un genou par terre », lui dit le frère André. — « Je ne suis pas capable », répondit la dame, hésitante. — « Il ne s'agit pas de savoir si vous en êtes capable », reprit le frère André. Puis il insista pour qu'elle pliât les deux genoux. Elle le fit et, à l'instant même, toute trace d'ankylose disparut.

Émile Gadbois menait une vie très active. Il n'avait pas encore cinquante ans lorsqu'il commença à éprouver des douleurs d'angine. Mais il ne pouvait pas laisser son travail à cause de sa famille et il aimait bien conduire le frère André dans ses visites aux malades. Pendant deux ans, monsieur Gadbois et son ami prièrent ensemble avec confiance. Ils firent des neuvaines et utilisèrent de l'huile de saint Joseph. Mais il n'y avait aucune amélioration; au contraire, son mal empirait. Un jour, cependant, le frère André fit un jeu de mots en l'appelant au téléphone pour visiter des malades :

« Aujourd'hui, je vais prendre votre engin et votre angine ! » Depuis cet instant, Émile Gadbois n'éprouva plus aucune douleur de poitrine.

Azarias Claude

Un autre excellent ami du frère André le rencontra pour la première fois vers 1907, et devint par la suite un portier régulier à la salle d'attente de son bureau, à l'oratoire. Il fut aussi le chauffeur qui le conduisit le plus souvent dans ses visites aux malades. Cet homme fut probablement celui que le frère André a le plus marqué.

Azarias Claude et le frère André au départ d'une visite aux malades.

Azarias Claude était né pour le succès. D'abord boucher dans un petit village, il s'était établi à son compte en raison de difficultés familiales à l'âge de quatorze ans. Il comprit très tôt qu'il ferait beaucoup plus d'argent dans le commerce du bétail et il s'établit à Montréal. Par la suite, il se fit commerçant de meubles puis agent d'immeubles. Il était millionnaire avant l'âge de quarante ans, vers 1905.

C'était un homme fort, assez grand, avec des yeux bleu d'acier qui lui donnaient l'air un peu distant. Mais il était de contact agréable comme tout homme fier de son état et de son succès. Son épouse était à l'opposé : autant il était ferme, autant elle cédait facilement. Elle aimait les fleurs et toutes les belles choses de la vie alors que son seul souci à lui était de faire de l'argent.

Dans son travail, il rencontrait beaucoup de gens. Sa femme aussi. À cette époque, il aimait dire avec un humour de glace : « C'étaient les femmes surtout qui racontaient toutes les histoires sur le frère André, ensuite les hommes répétaient ce qu'ils avaient entendu. »

Au tournant du siècle, on parlait beaucoup du petit frère André de la Côte-des-Neiges. Il n'y avait pas encore de chapelle et le frère était toujours le portier du collège Notre-Dame. C'est alors que madame Claude eut la chance de le rencontrer. Son millionnaire de mari n'en revenait pas : « Les femmes peuvent croire n'importe quoi. Le frère André est un charlatan ! Il y a des charlatans partout et celui-là ne vaut pas mieux que les autres ! Pourquoi perdre ton temps avec ce vieux fou ? »

Mais madame Claude y retourna, de plus en plus. Son mari lui demandait à chaque fois : « Comment ça va là-haut ? » Et il avait, lui aussi, une nouvelle histoire à raconter sur le « vieux fou » de la montagne. Cela dura huit ans. Entre-temps, la chapelle avait été construite.

Un jour le frère André demanda à madame Claude: «Pourquoi votre mari ne vient-il pas?» Elle ne répondit rien, mais lors de sa visite suivante, elle dit à son mari: «Il faut que je voie le frère André. Tu ne viendrais pas me conduire? Seulement me conduire. Tu n'entreras pas. J'en ai pour une minute.» Il accepta. Elle resta quelques minutes puis le frère André dit à son mari: «Vous reviendrez me voir, monsieur Claude. Il n'est pas nécessaire d'être malade pour prier et se mettre sous la protection de saint Joseph.» L'homme n'en revenait pas. Il confia plus tard: «J'y serais retourné le soir même ou le lendemain. Mais je n'en fis rien à cause de ma fierté, par crainte de m'attirer des remarques. Mais son souvenir me hantait au point que je semblais perdre les préoccupations de mon commerce. Je voulais le revoir à tout prix.»

Il raconta son histoire longtemps plus tard. «Une semaine après, je me rendis au collège Notre-Dame. "Vous n'êtes pas pressé?" demanda le frère. — "Oh! J'ai toute l'après-midi à moi." — "Je reviens tout de suite", reprit le frère. Après cela, il vient à moi. "On va monter un peu plus haut dans la montagne." Il y avait un banc à l'ombre et nous nous sommes assis pour plus d'une heure. "On est bien, ici, disait le frère André. On peut parler à notre aise avec saint Joseph et le bon Dieu. Comment trouvez-vous ça?"

«Puis le frère André se mit à décrire la beauté du lieu. "Il me semble, dit-il, qu'on est plus près du bon Dieu au sommet d'une colline. Les supérieurs ont eu beaucoup de mal à acquérir ce terrain," dit-il. Puis il se mit à parler de ses projets de sanctuaire dédié à saint Joseph. Je l'en ai félicité mais il m'a répondu: "Oh! Je n'y suis pour rien. C'est saint

Joseph qui l'a voulu. C'est lui qui est le grand propriétaire, lui seul, et le bon Dieu." Le frère André me parlait de saint

Le frère André en 1927, à l'âge de 82 ans.

Joseph comme s'il s'était agi d'un de nos parents ou d'un membre de ma propre famille. J'ai senti qu'il avait besoin de parler et que ça lui faisait du bien. »

Au cours de la conversation, monsieur Claude avait été discret. Il ne parlait pas beaucoup, même pas de son propre besoin de guérison. À la troisième visite, le frère André lui demanda : « Qu'est-ce que vous avez au bras gauche ? » Il avait la main paralysée. Un jour, il avait essayé de délivrer un groupe de personnes qui étaient en position dangereuse dans un ascenseur et sa main s'était coincée. « Aimeriez-vous que cette main devienne comme l'autre ? » demanda le frère André.

Monsieur Claude répondit : « Vous savez, frère André, si le bon Dieu a des faveurs à me faire, il y aurait bien des choses plus importantes que cela en vue de l'éternité. Mon bras ne me fait pas mal et je peux travailler. Cela fait quinze ans et j'y suis habitué. » Le frère André le regarda : « Comprenez-vous bien ce que vous dites ? Y avez-vous pensé ? » — « Non, parce que je n'ai jamais eu l'occasion d'y penser. »

« Dans ce cas-là, vous allez garder votre bras comme il est. Plus tard, il pourra y avoir des choses plus importantes. Vous aurez peut-être à souffrir. Il ne faudra pas oublier que la souffrance est parfois nécessaire. » Puis il parla des souffrances que notre Seigneur a endurées sur le chemin de la Passion et que, malheureusement, le monde ne semble pas comprendre. L'entretien dura un bon moment. « Revenez souvent à la montagne confier à saint Joseph toutes vos misères. »

Ils ont ainsi parlé ensemble une fois la semaine durant de nombreuses années. À partir de 1912, monsieur Claude le voyait presque tous les jours. Plus le nombre de visiteurs augmentait, plus il se sentait utile dans la salle d'attente pour faire entrer chaque personne à son tour. Dix ans plus tard, monsieur Claude avait laissé son travail et s'était mis à plein temps au service du frère André. Il arrivait au bureau une heure plus tôt, faisait le ménage, accueillait les premiers visiteurs et conversait avec eux avant qu'ils ne rencontrent le frère André. Il leur parlait encore après leur visite et leur disait d'attendre lorsqu'ils avaient trouvé la visite trop courte. Il conduisait aussi le frère André en voiture dans ses visites aux malades. Ils prenaient le repas ensemble et, au retour, priaient dans la chapelle «dix minutes», comme ils disaient, mais qui dépassaient souvent une heure.

Azarias Claude raconta plus tard: «Le frère André priait comme s'il était en face de quelqu'un dont il attendait une réponse. Et durant tout ce temps-là, il restait dans la même position, à genoux, sans appui, devant la statue de

Le 18 septembre 1927.

saint Joseph Et il ajoutait cette réflexion: “Ce n’est pas long, une heure, pour parler au bon Dieu. On a tellement de choses à lui demander qu’on n’en finirait jamais.” »

Madame Claude, qui avait fréquenté le frère André bien avant lui, eut plus que sa part d’épreuves. Elle perdit quinze enfants à leur naissance. Puis elle fut enceinte une seizième fois et le frère André lui dit: « Celui-là vivra. » C’était une fille et elle est encore vivante aujourd’hui.

Des personnes sont plus conscientes que les autres de leur cheminement spirituel. Tel était Azarias Claude. Doué d’une excellente mémoire, il pouvait se souvenir de ses longues conversations avec le frère André alors que la plupart des gens ne se souvenaient que de quelques paroles conservées précieusement.

Car le frère André n’a jamais publié de volume. Mais cet ami exceptionnel se souvenait de ses conversations avec lui et il a mis par écrit une partie de son testament spirituel, surtout sur le sens chrétien de la souffrance.

« Le frère André changea complètement l'orientation de ma vie, avoua-t-il plus tard. Avant de le rencontrer, toutes mes préoccupations étaient celles d'un commerçant. Faire de l'argent était le but de mon existence. Il m'a enseigné le renoncement et la pénitence. Je devins un fervent de saint Joseph et un communiant quotidien. »

C'est alors qu'Azarias Claude laissa le commerce des bestiaux. « C'était devenu pour moi l'occasion de consommer trop d'alcool », confia-t-il plus tard. Il changea donc les bestiaux pour les meubles et passa de plus en plus de temps à l'oratoire.

Son attitude généreuse devant l'infirmité de sa main avait beaucoup impressionné le frère André qui découvrait en lui un être peu commun, prêt à souffrir de grands détachements à la suite du Christ. « Comment allez-vous ? » lui demandait le frère en guise de salutation. « Ça va bien », répondait invariablement son vaillant ami.

À l'âge de 57 ans, c'était en 1922, monsieur Claude commença à ressentir des douleurs de poitrine. Il faisait de l'angine et se rappela alors de ce que le frère lui avait dit quinze ans plus tôt, quand il lui avait parlé de sa main paralysée : « Vous êtes encore jeune. Il peut se faire que dans l'avenir, vous rencontriez de plus grands sacrifices. Il faut toujours être prêt à souffrir ce que le bon Dieu voudra de vous. » Au sujet de ses douleurs de poitrine, il lui dit cependant : « Soyez sans inquiétude ; vous ne mourrez pas de cela et vous ne ferez pas de crise en dehors de votre maison. » Et il ajouta encore : « Quand vous ne ferez plus d'angine de poitrine, vous ferez autre chose. »

C'était une bien mince consolation ! Peu après, il subit une crise terrible et resta trois jours inconscient. Sa femme appela le frère André mais ce dernier tarda à venir, un peu comme Jésus lorsque son ami Lazare tomba malade : « Votre ami est très malade », dit-elle. — « Ah ! » répondit le frère André. Et ce fut tout. Comme d'habitude, madame Claude fut discrète et n'insista pas. Deux jours passèrent.

Le troisième jour, au terme de ses visites aux malades, le frère arriva enfin à la maison. C'était à l'heure du souper et madame Claude était si inquiète qu'elle pouvait à peine parler. Mais le frère André était de bonne humeur. Il prit le temps de manger et de parler avant de monter à la chambre de son ami. C'était la fête de l'Immaculée-Conception, le 8 décembre, et madame Claude pensa qu'il mettait sa foi à l'épreuve. Après le repas, cependant, il demanda qu'on le laissât seul dans la chambre avec son ami inconscient. Il s'agenouilla près du lit et pria. Puis il prit le malade par la main et demanda : « Comment ça va ? » L'autre ouvrit les yeux, le regarda et répondit : « Ça va bien. » Et ils se mirent à causer ensemble comme d'habitude. Son épouse les entendait, tout étonnée.

Elle monta à la chambre et trouva son mari assis au bord du lit en train de causer. Il lui dit : « Apporte-moi mes vêtements, je vais me lever. » — « C'est trop tôt, » reprit le frère André.

Quand il revint le lendemain soir, il demanda encore : « Comment ça va ? » — « Ça va bien. » Mais sa femme reprit aussitôt « Il nous a donné de la misère toute la journée. Il voulait prendre son auto et monter à l'oratoire. » — « Il aurait pu venir, dit le frère. Demain, vous pourrez le laisser monter puisqu'il n'est plus malade.» Le jour suivant fut donc pour lui une journée bien remplie qui se termina vers dix heures du soir après la visite aux malades suivie de l'habituel temps de prière.

Mais il eut plusieurs crises d'angine par la suite. Chaque fois, le frère André lui disait: «Allons faire des prières d'action de grâces à la petite chapelle pour remercier le bon Dieu.» — «Pourquoi? demanda alors Azarias Claude. Est-ce qu'il y a quelqu'un qui s'est recommandé à vos prières?» — «Non, dit le frère André. Mais n'avez-vous pas été malade, ce matin? C'est pour cela qu'on doit aller faire des prières d'action de grâces, pour remercier le bon Dieu de venir à vous.»

Le frère André à son bureau en 1922.

«Voilà une bien drôle de manière de prier! lui répondit son ami. Ainsi, vous remerciez le Seigneur de mes douleurs de poitrine?» — «Ne dites pas cela, répondit le frère André. Vous ne savez pas de quoi vous parlez.» Ils allèrent donc prier ensemble à la chapelle quelque temps.

« Plus tard, le frère André me dit : “Quand vous souffrez beaucoup, avez-vous pensé quelquefois aux souffrances que notre Seigneur Jésus a endurées pour nous sur le chemin de la Passion ? Le temps est arrivé d'offrir votre part de souffrances. Aujourd'hui, le bon Dieu exauce vos prières en vous envoyant ses souffrances. Dieu ne vous oublie pas. Il connaît vos besoins. Montrez-vous généreux avec lui en acceptant ce qui pourra arriver dans l'avenir; parce qu'il ne peut rien arriver sans que le bon Dieu le sache.” Puis le frère André me parla plus d'une heure de son sujet favori : la miséricorde de Dieu et la Passion de notre Seigneur. »

À chaque nouvelle crise, les deux retournaient ensemble à la chapelle pour de nouvelles prières d'action de grâces. Alors, le frère André lui a dit : « Si, dans le monde, on savait mieux prier, si on comprenait ce que valent les souffrances bien acceptées, cela aiderait beaucoup à nous rapprocher de Dieu. Nous serions plus prêts à prendre notre part de souffrances. Les martyrs ont souffert mais leur amour était si fort qu'ils étaient prêts à le faire en union avec le Seigneur. »

Azarias Claude lui demanda : « Peut-on espérer le martyre ? » — « Pourquoi pas ? répondit le frère André, si nous vivons de la même manière qu'ils ont vécu. Mais le bon Dieu ne nous demande pas d'être martyrisés. Il nous a fait une vie plus facile que cela. Il nous demande de vivre en bons chrétiens et de bien observer les commandements, spécialement ceux qui portent sur l'amour de Dieu et du prochain. Mais il faut aussi être prêts à souffrir. Et un jour, le bon Dieu nous recevra dans son éternité bienheureuse avec tous ceux qui nous y attendent. »

Monsieur Claude se souvenait non seulement des paroles mais surtout de l'expression dans les yeux du frère André quand il disait de telles choses qui lui semblaient si naturelles. Il était tellement à l'aise de parler des choses de Dieu à ses amis, c'était comme s'il avait toujours vécu près de lui. Il parlait de la même manière de Jésus, Marie et Joseph comme s'il avait passé sa vie en leur compagnie. Parler de Dieu et des saints était sa vie et la joie de son âme.

Une statue d'Oberammergau donnée à l'Oratoire en 1925.

Cet ami pouvait raconter en détail ses conversations avec le fondateur de l'oratoire: «Il me disait: "Une heure est vite passée. Il y a tant de choses à dire et cela fait tant de bien que l'on ne peut plus s'arrêter. Il peut m'arriver de vous raconter des choses que je vous ai déjà dites. Mais que voulez-vous, cela fait tant de bien de parler des choses que l'on aime et de dire au bon Dieu: 'Je vous aime', à lui qui nous a tant aimés."»

Le frère André a parlé de son enfance avec monsieur Claude plus qu'avec ses autres amis. «Il n'est pas nécessaire, disait-t-il, d'avoir passé quinze ou vingt ans dans les collèges et les universités pour aimer le bon Dieu. Il suffit de naître de parents chrétiens. C'est sur les genoux d'une mère chrétienne que se forme l'âme d'un jeune enfant. Souvent les enfants de familles pauvres sont plus généreux et ils ont plus de chance de bien remplir leur vie. Ceux qui ont de l'argent doivent aider ces familles-là. Mais l'amour n'est pas seulement de donner de l'argent. On peut donner des preuves d'amour en ne jugeant pas les autres, en visitant ceux qui ont besoin de réconfort pour leur dire qu'ils sont aimés de Dieu. Cela ferait du bien aux gens en bonne santé de visiter les malades, car ils peuvent en retirer beaucoup. »

Si ce n'était de la mémoire de monsieur Claude, nous n'aurions pas ces phrases. Après avoir parlé avec les malades, le frère André ajoutait : « Il faut prier pour eux, pour qu'ils en viennent à accepter leur part de souffrance pour le pardon de leurs péchés. Nous pouvons aussi prier le Seigneur de leur ouvrir la porte du ciel après leur mort.

« Si réellement on aimait le bon Dieu comme on devrait l'aimer, il serait plus facile de mettre en pratique la patience, la charité..., puisque l'on ne peut pas aimer Dieu sans aimer son prochain, et l'on servirait mieux le bon Dieu dans ses devoirs journaliers. On trouverait moins fatigant de bien faire ses prières du matin et du soir pour ceux et celles qui ont trop d'occupations pour avoir le temps d'aller à la messe.

« Dieu ne demande pas l'impossible. Il leur demandera de lui offrir leurs bonnes intentions, le travail de la journée et quelques prières. Le meilleur chemin de la croix est de bien accepter toutes les croix ... »

Monsieur Claude disait : « Frère André, vous devez être fatigué de me parler de la sorte. » — « Au contraire, cela me repose quand je parle à quelqu'un qui me comprend. Mais peut-être que vous, je puis vous fatiguer ?» — «Pas du tout.» Et les deux hommes regardaient leur montre : « Savez-vous que cela fait plus d'une heure que nous causons ? Comme le temps passe vite quand on parle de choses que l'on aime ! »

Le frère André fut désigné parmi les délégués au chapitre général de la congrégation de Sainte-Croix qui eut lieu au mois d'août 1920 à l'université Notre-Dame, à South Bend, dans l'Indiana.

Ce qu'il partageait ainsi durant des heures était ce qu'il redisait aux malades qu'il visitait. Pour beaucoup, la maladie était une occasion de réfléchir sur leur vie, qui n'était pas toujours très réussie. Il arrivait aux gens de se faire des peurs et de se mettre à douter de la bonté de Dieu. C'était là surtout qu'ils appréciaient une visite du frère André. Les malades étaient habituellement très sensibles à ses paroles et les gens de la maison l'écoutaient. Il suggérait ensuite à la famille d'appeler un prêtre pour continuer la conversation avec lui et recevoir les sacrements.

Azarias Claude suivait le même exemple. Il parlait à son tour aux malades très simplement, en se souciant autant de leur santé physique que spirituelle. Il invitait ensuite les gens à venir prier à l'oratoire en prenant les mots du frère André :

«Il n'est pas nécessaire d'être malade pour prier. Saint Joseph et le bon Dieu sont toujours prêts à vous accueillir, que vous soyez malade ou en santé.» Cette phrase, il a dû la répéter des centaines de fois et les gens l'écoutaient. Plusieurs donnaient suite à son invitation et venaient prier à l'oratoire.

Le frère André était un éducateur et il enseignait surtout aux gens à prier. « C'est facile, disait-il. Quand vous étiez jeune, vous avez dû apprendre à prier sur les genoux de votre mère. Ce sont de belles prières que le bon Dieu se plaît beaucoup à nous entendre répéter. »

L'ancien commerçant conservait dans sa mémoire tous ces enseignements. Le frère André lui avait dit un jour qu'une grande fortune était un lourd fardeau pour entrer au ciel. Monsieur Claude, qui était riche, donna énormément. Un jour, un de ses débiteurs vint trouver le frère André, qui dit ensuite à son ami : « Ce sont de pauvres gens qui ne pourront jamais vous rembourser. » Son ami déchira alors la créance qui valait 30 000 $, ni plus ni moins.

Une autre fois, on pensa que saint Joseph lui-même était venu à la rescousse. Un père de famille allait perdre sa maison qu'il avait hypothéquée et, cette fois, monsieur Claude ne pouvait pas l'aider. C'était une question de jours. Un soir où le frère André mangeait chez son ami, un homme sonna à la porte et laissa une grosse enveloppe en disant : « C'est pour monsieur un tel. » Ils ouvrirent l'enveloppe et trouvèrent exactement la somme requise. Ils sortirent aussitôt pour voir qui était cet homme, mais la neige qui tombait avait déjà recouvert ses traces. Ils se dirent l'un à l'autre : « Ce doit être saint Joseph ! »

Le frère André en compagnie d'officiers des Chevaliers de Colomb.

Moïse Robert

À la suite de monsieur Claude se trouve un autre ami, Moïse Robert. Voici son histoire comme il l'a racontée en ses propres mots. Cela se passait en 1923 ou 1924.

« J'étais alors très malade. D'après le médecin, je devais mourir la nuit même d'une péritonite. Mon propriétaire, monsieur Azarias Claude, m'amena le frère André alors que j'étais inconscient depuis trois jours.

« La première connaissance que j'eus de sa présence fut lorsqu'il me donna la main, qu'il secoua par trois fois. Il me demanda : "Comment ça va ?" Je répondis par un gémissement. En me serrant la main la deuxième fois, il me dit : “Ça ne va pas ?” Je répondis : “Ça va bien mal.” La troisième fois, tout en me tenant la main et la secouant, le frère André me dit : “Ça va aller mieux.”

« Je demandai au frère André : “Est-ce que je vais pouvoir dormir ?” Il dit : “Oui, vous allez dormir, et demain matin, vous viendrez à l’oratoire.” Je lui demandai : “Est-ce que je serai capable de me rendre à l’oratoire ?” — “Si vous n’êtes pas malade, il n’y a rien qui vous en empêche.”

« Puis le frère André, accompagné de monsieur Claude, quittent ma chambre. La garde-malade y entre aussitôt. Elle prend ma température, qui était devenue normale, et téléphona au docteur. Il répondit : “Je vais me rendre immédiatement auprès du malade. Préparez madame Robert à porter le coup, car la chute de température est un signe que la mort ne tardera pas.”

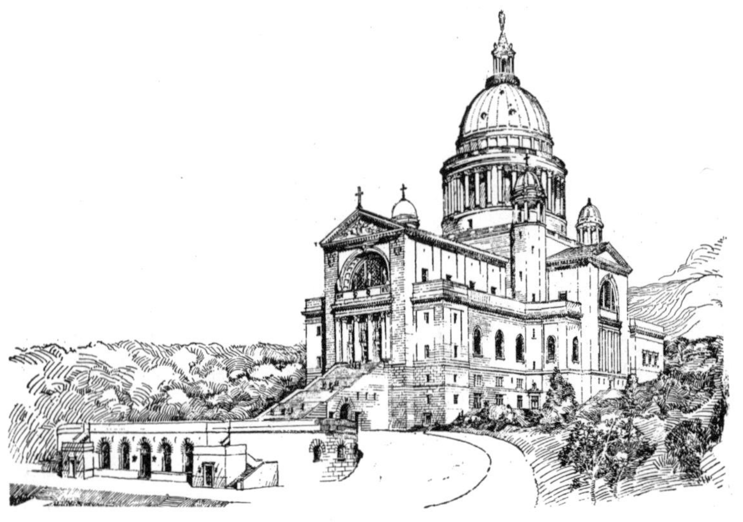

Le plan de Viau et Venne pour l’Oratoire Saint-Joseph, en 1926.

« Mon épouse était enceinte. Alors le médecin prit ma température mais elle était normale. Je pus m'endormir en sa présence et dormir jusqu'à neuf heures et demie, le lendemain matin. Monsieur Claude vint me réveiller pour me dire : "Habillez-vous, nous allons à l'oratoire."

« Je me sentais très bien. Je m'habillai. La garde-malade ne s'objecta pas à cette visite. Monsieur Claude me conduisit en voiture jusqu'au pied de la colline et je montai à pied sans fatigue jusqu'au bureau du frère André. Je lui ai dit simplement : "Bonjour, Frère." — "Bonjour, Monsieur." Il a ajouté : "Avez-vous une médaille de saint Joseph ?" Je répondis : "Je n'en ai pas." — "Allez au magasin vous en procurer une, puis rendez-vous à la chapelle et arrêtez à l'autel de saint Joseph pour le remercier. Ce que je fis.

« Au retour, le frère André me demanda : "Avez-vous votre médaille ?" Je dis oui et lui demandai : "Est-ce que je puis manger ? J'ai faim." — "Mangez n'importe quoi. Vous reviendrez me voir." Puis il accueillit un autre visiteur. »

Quand Moïse Robert rentra chez lui, la garde-malade s'opposait à ce qu'il mange. Mais comme un enfant, il profita d'un instant de repos de l'infirmière pour avaler trois bols de soupe de tomates. Elle le prit en flagrant délit et appela le médecin. « S'il veut mourir, répondit ce dernier, laissez-le faire."Le soir venu, il visita son patient et vit à quel point tout était rentré dans l'ordre. Il dit à la famille : « Comme médecin, je soigne avec des médicaments. Mais le frère André, lui, peut faire des miracles. »

Cette fois-là, les choses s'étaient passées si simplement que le malade lui-même ne s'était même pas rendu compte que sa guérison tenait du miracle !

Le frère André visita deux fois la famille de Napoléon Cantin à Saint-Joseph sur le lac Huron, en 1919 et en 1922. Les enfants grandissaient.

Son amour des autres

L'un des témoins les plus fiables au cours du procès de béatification fut Joseph-Olivier Pichette. Il connaissait le frère André depuis l'âge de vingt-quatre ans. Marié depuis un an, il était commis dans un magasin de chaussures, mais il avait le cœur très malade et souffrait en plus de la gorge et de l'estomac.

Un jour entra au magasin une dame affligée d'un cancer de la peau à un bras. Elle expliqua sa maladie au commis qui lui demanda : « Vous faites-vous soigner ? » La dame répondit : « En fait, je suis allée voir quelqu'un. Il paraît que c'est un grand saint. On monte avec lui sur la montagne et des personnes ont été guéries. »

Quelque temps plus tard, la même dame revint au magasin, rayonnante. Elle releva sa manche et montra son bras : toute trace de cancer avait disparu. « Le frère André m'a guérie ! » dit-elle.

Fasciné, Olivier Pichette dit plus tard à sa femme : « Il faut absolument trouver ce frère André-là ! »

Le dimanche suivant, le jeune couple monta à l'Oratoire et fit la queue avec les autres en attendant patiemment son tour. Mais le frère André semblait très occupé à la porte de son bureau.

Il y avait là un infirme qui venait d'arriver, appuyé sur deux béquilles. Le frère lui disait : « Donnez-moi vos béquilles. » — « Je ne peux pas, c'est ça qui me soutient. » Mais le frère André insistait encore davantage : « Vous n'en avez pas besoin. Donnez-moi vos béquilles ! » Finalement, l'homme obéit et fut guéri.

Tout le monde fut stupéfait, y compris les Pichette qui n'avaient toujours pas réussi à lui parler. Ils purent s'approcher de lui vers trois heures : « Frère André, je pense que vous nous avez oubliés. » Il leur répondit : « Après la bénédiction du Saint-Sacrement ! » Ils attendirent donc jusqu'à quatre heures, puis jusqu'à cinq heures. Le couple se demandait bien ce que pouvait avoir le frère André. Il n'était visiblement pas intéressé à leur parler. Plus tard, il les regarda et leur dit : « Alors, vous êtes malades ? » Puis il porta son attention à autre chose et eut à peine le temps de les inviter à revenir une autre fois.

Ils revinrent plusieurs fois, surtout en semaine, dans l'espoir de pouvoir seulement lui parler. C'était en 1911 et il y avait foule chaque jour. Ils firent la queue en attendant leur tour, mais sans pouvoir s'approcher de lui. Le propriétaire du magasin de chaussures, mis au courant de la situation de son commis, se montra patient. Mais il était toujours impossible de parler au frère André et le mal empirait.

Après des semaines, le frère André les reçut enfin. Il leur répéta ce qu'il disait à tout le monde : « Priez avec confiance. Frottez-vous avec de l'huile et la médaille de saint Joseph. Faites une neuvaine. » Olivier Pichette, qui avait vingt-quatre ans, trouvait de plus en plus difficile de gravir la colline avec si peu d'espoir. Une année passa. Entre-temps, il consultait un spécialiste venu de France qui lui expliqua

J.-Olivier Pichette, dans la vingtaine.

tout sur sa maladie. Mais les choses n'allaient pas mieux. Pendant que le médecin lui badigeonnait la gorge, il eut une hémorragie. C'est alors qu'il parla à son médecin du frère André. Le docteur s'éclata de rire: « Vous allez voir un vieux fou comme ça ? » Le patient raconta les guérisons dont il avait été témoin. Mais le docteur secoua la tête en souriant : « Je ne crois pas à ces choses-là. Je suis franc-maçon. En tout cas, si vous allez le voir, ne montez pas la côte à pied. Dans l'état où vous êtes, c'est justement le genre d'effort qui entraînerait une mort immédiate. »

Olivier Pichette n'osa pas mettre en doute le pronostic du médecin mais il trouvait tout cela bien décevant. « Écoutez, frère André, cela fait un an que je prie avec vous. Vous m'avez parlé tant de fois de faire une neuvaine. Allons-nous enfin en faire une ensemble ? » — « Comme vous voudrez », répondit le frère. Un jour, cependant, il lui prêta la clef de sa chambre, au-dessus de la sacristie de la chapelle primitive. « Si vous voulez, lui dit-il, vous pourrez aller vous reposer. » C'est là que la neuvaine devait avoir lieu.

Le malade passa donc neuf jours dans la chambre du frère André. Il ne prenait, pour tout repas, qu'un bol de soupe. Chaque soir, le frère André allait le retrouver et priait avec lui. Après ses longues heures de bureau et ses visites aux malades, il était parfois dix heures, onze heures ou minuit. Mais de toute façon, Olivier Pichette lui-même dormait très peu.

La chambre où le frère André accueillait des malades était située sous le toit de la chapelle primitive.

Pour la première fois de sa vie, il crut qu'il allait mourir et il se mit à penser que c'était sans doute la meilleure place. Lisons la suite de l'histoire dans les mots du témoin.

« J'étais avec le frère André et je me sentais bien avec lui. Je m'étais fait à l'idée d'aller avec le bon Dieu. Le dernier jour de la neuvaine, j'ai pensé : "Le frère André va me dire : 'Le bon Dieu ne veut pas que vous guérissiez.' Et ce sera tout." »

« Ce soir-là, le frère André me posa sa question habituelle : "Comment ça va ?" Je lui ai dit : "Écoutez, frère

André, vous qui connaissez les malades, vous devez bien le savoir." Alors, il se mit à me frictionner la poitrine avec ses deux mains pendant deux heures tandis que ses lèvres murmuraient des prières. Puis il descendit prier dans le noir, à la petite chapelle. Au bout d'une demi-heure, je suis allé voir. Il était seul, immobile sur ses genoux, les bras croisés. Je suis remonté sans rien dire. Je l'ai entendu remonter vers deux heures. Il y avait un garçon couché dans l'autre lit, qui avait mal à la jambe. Alors le frère André déroula un petit matelas et s'endormit sur le plancher.

« À quatre heures et demi, le réveil sonna. Sa nuit était finie. Je me levai pour aller à la messe avec lui. Puis nous sommes remontés à la chambre. Il avait mis, la veille au soir, du veau et du porc à mijoter. Il me dit : "À dix heures, vous mettrez les patates." Vers midi, il prend de la farine et fait de la pâte qu'il met dans le bouillon. Vingt minutes plus tard, il prend une assiette, y met un oignon et la remplit. Il coupe une grosse tranche de pain et me la donne. Je lui demande : "Est-ce que c'est pour moi ?" — "Craignez-vous ?" — "Non, je mangerais bien tout." J'ai tout mangé. Puis il m'a dit : "Allez donc vous promener dans la montagne." J'ai cueilli des framboises. Je suis allé à l'office de trois heures. J'ai rencontré des gens que je connaissais, mais j'avais seulement le goût de rire. Le soir, j'ai dit au frère André que j'allais prier avec lui.

« Le lendemain, après la messe, il m'a dit : "Vous pouvez vous en aller. Vous êtes bien." À vrai dire, j'avais trouvé le temps terriblement long. Mais à ce moment-là, je serais resté avec le frère André. »

Olivier Pichette était bel et bien guéri. Il prit le tramway et rentra chez lui. Sa femme était allée passer quelques jours

Le frère André en repos à San Pedro, Calif., en 1921.

à la ferme de son oncle, à plus de quatre-vingts kilomètres au nord de Montréal. Malgré l'ardeur du soleil, en cette journée chaude de l'été, il enfourcha donc son vélo et pédala jusqu'à la gare, puis il monta dans un train. Arrivé à la gare, il fit encore huit kilomètres à vélo. « Je me sentais fort ! » Sa femme et tous les autres furent profondément émus de le revoir en aussi bonne santé. Il alla même travailler aux champs avec les autres. On lui disait : « Tu vas te tuer ! » Mais il était guéri.

À compter de ce jour, Olivier Pichette changea de prénom. Il s'appela désormais Joseph Pichette en signe de reconnaissance.

Quelques années plus tard, son épouse et lui devinrent propriétaires d'un magasin de chaussures. Ils restèrent amis du frère André et le visitaient souvent. Quand il avait besoin de repos, ils l'accueillaient une semaine à leur maison de ville ou à leur chalet. En 1927, âgé de 40 ans, Joseph Pichette avait beaucoup de temps libre. Comme Azarias Claude, il décida de passer quelques jours par semaine à l'accueil des pèlerins dans la salle d'attente. Il conduisait aussi le frère André en voiture dans ses visites aux malades.

Ce dernier remarqua le bon jugement de son ami et sa discrétion. Il le prit pour assurer une présence auprès des gens qui attendaient pour le voir. C'est grâce à Joseph

Pichette et à son excellente mémoire si de nombreuses guérisons ne sont pas tombées dans l'oubli.

Dominique Cormier

Joseph Pichette conduisit au frère André plusieurs membres de sa famille, dont son beau-frère, Dominique Cormier. Ce dernier était fiancé à la jeune sœur de Joseph Pichette quand il fut envoyé à la guerre de 1914. Le frère André lui recommanda d'être un bon soldat et un bon chrétien. Puis il dit à Mlle Pichette: « Votre fiancé vous reviendra sain et sauf. » Et Dominique partit, muni d'une médaille de saint Joseph.

La chapelle primitive demeura à sa place jusqu'à l'ouverture de la crypte au public, le 16 décembre 1917; puis elle fut transportée vers la droite.

En 1917, il fut envoyé au front sur le sol français. Sa fiancée continuait d'aller à l'Oratoire pour demander la protection de saint Joseph. Le frère André la réconfortait et lui promettait que son Dominique allait revenir. Il avait un sens aigu des personnes et connaissait bien l'intelligence et la générosité de Dominique Cormier. Il dit à Mlle Pichette: « Écrivez-lui et demandez-lui s'il n'a pas lui-même demandé d'aller au front. » Elle apprit plus tard que le frère André avait raison : il avait deviné exactement ce qui s'était passé.

Dominique Cormier devint à son tour un fidèle ami du frère André. Il allait à l'Oratoire tous les dimanches. Il travaillait pour une importante compagnie d'automobiles et voyageait beaucoup. Mais son travail lui permettait aussi de passer du temps au bureau du frère André comme Azarias Claude et Joseph Pichette. Il fut un chauffeur régulier du frère André et le recevait chez lui pour prendre des repas ou des jours de repos. Ce dernier disait: « On est bien, ici. » Les enfants des Cormier l'aimaient comme leur propre grand-père.

Dominique Cormier était aussi un excellent chauffeur. Il conduisait souvent le frère André sur de longues distances. La journée finie, vers dix-sept heures, ils faisaient ensemble deux cents kilomètres pour visiter dix ou douze malades à Ottawa, puis revenaient durant la nuit. Dominique avait une bonne voiture et le frère André observait, avec un sourire, qu'il aimait faire de la vitesse !

Tous ces gens-là voulaient des reliques de lui. Azarias Claude lui acheta un bon manteau, mais sans le dire, garda le vieux en souvenir. Joseph Pichette lui donnait des chaussures neuves mais conservait précieusement les vieilles.

Dominique Cormier lui offrit un petit chaudron et conserva le vieux en souvenir. Il disait : « Le frère André semblait tellement heureux de son nouveau chaudron ! » Humble comme il était, le frère ne se doutait pas que ses amis collectionnaient des reliques de lui !

Dominique Cormier était l'un des rares amis du frère André qui n'avait pas été guéri. En 1936, lorsque le frère avait quatre-vingt-onze ans, il souffrit d'une double mastoïdite et avec la chirurgie de l'époque, on craignait de l'opérer. Son vieil ami lui dit : « C'est saint Joseph qui va vous opérer. » Et malgré son âge, il se mit à le frictionner derrière les oreilles, en invoquant saint Joseph. M. Pichette était présent et observait que le frère André devait s'arrêter pour reprendre son souffle. Puis il continuait de prier en le frictionnant derrière l'oreille. Il dit à un témoin : « Saint Joseph va le guérir. » Le malade, qui était devenu complètement sourd à cause de l'infection, l'entendit. Alors le frère André continua la friction, tout doucement, et Dominique Cormier fut guéri.

Les médecins n'y comprirent rien. Ils n'avaient jamais rien vu de pareil. En dépit de son âge, le frère André avait voulu lui laisser un signe de son affection. Et saint Joseph l'exauça une fois de plus.

Le chef Raoul Gauthier

Parmi les photos les plus intéressantes du frère André et de ses amis, l'une le représente avec un groupe de pompiers de Montréal. Je ne sais pas si c'est vrai partout mais à Montréal, dans mon enfance, les pompiers étaient connus comme des gens prêts à tout pour sauver les autres. Plusieurs d'entre eux furent des amis du frère André, et ils lui ressemblaient par leur désir d'aider les autres. Aujourd'hui encore les pompiers de Montréal se portent volontaires comme agents de sécurité lors des grandes manifestations à l'Oratoire Saint-Joseph.

Sur cette photo prise le 19 mars 1920, le frère André était au centre et le chef Raoul Gauthier était debout à ses côtés. Il fut, lui aussi, un homme remarquable et un excellent ami du fondateur de l'Oratoire.

Né en 1881, il devint marin pour gagner ses études et entra au Service des incendies à l'âge de 23 ans. Il se fit aussitôt remarquer par son intelligence vive, surtout lorsqu'il fallait risquer sa vie pour les autres. Il fut décoré de l'Ordre du mérite pour avoir sauvé la vie de cinq personnes en les transportant dans ses bras le long d'une corniche. Il reçut aussi une médaille d'or pour sa conduite toujours impeccable. Courageux, jovial, attentif et soigné, il était l'ami de tous et répétait une phrase qui était devenue son signe distinctif: « Gardez le sourire ! » Plusieurs articles furent publiés sur lui dans les journaux, où l'on soulignait son intelligence vive, son sens pratique, son dévouement remarquable.

Il aimait aussi visiter ses collègues à l'hôpital ou à la maison quand ils étaient malades ou blessés. C'est ainsi qu'il rencontra le frère André. Un jour, il lui téléphona en disant : « Un de nos hommes est à l'hôpital et désire vous voir. Si vous voulez, j'irai vous chercher en voiture ce soir. » — « Ce soir, c'est vendredi et nous faisons le chemin de la croix. » — « En ce cas, répondit Raoul Gauthier, est-ce que je peux venir faire le chemin de la croix avec vous ? » — « Bien sûr, » lui dit le frère André.

Le chef Raoul Gauthier.

Depuis lors, Raoul Gauthier se rendit à l'Oratoire tous les vendredis soirs, quand il était libre. Il observa que la voix du frère André faiblissait quand il faisait les lectures et les prières. Il s'offrit donc pour lire à sa place avec un autre pompier, Oscar Marin, et un ami du frère André, le juge Arthur Laramée. Par la suite, c'étaient habituellement les amis laïcs du frère André qui présidaient l'heure sainte suivie du chemin de la croix. L'influence de Raoul Gauthier contribua à faire connaître cet exercice religieux et quelques centaines de personnes y participaient désormais. D'autre part, le fondateur de l'Oratoire était heureux de voir que le sanctuaire du mont Royal était redevenu, en 1919, l'œuvre de laïcs fervents.

Raoul Gauthier fut nommé directeur du Service des incendies quatre ans plus tard. Quand cette décision lui fut annoncée, il était occupé à combattre les flammes avec ses hommes, la figure couverte de suie et du sang qui coulait d'une égratignure. « Vous voulez me voir, messieurs ? » — « Oui. Vous venez d'être nommé chef des pompiers de Montréal. » — « Merci, messieurs. » Et il retourna travailler auprès de ses hommes.

Le frère André trouva en lui un excellent ami. Il allait souvent chez lui et, là aussi, devint comme un grand-père auprès des six enfants. Quand il avait besoin de repos, le chalet du chef Gauthier, au bord du fleuve Saint-Laurent, était l'un de ses endroits préférés. Il aimait leur vie de famille et fut proche de chacun d'eux.

Comme chef des pompiers, Raoul Gauthier fit tout en son pouvoir pour moderniser l'équipement. En plus de faire appel à son imagination, il participa à des congrès internationaux sur les nouvelles techniques aux États-Unis et en Europe. Il modernisa l'école des pompiers de Montréal. Il s'intéressait en plus aux besoins spirituels de ses hommes, il organisait des sessions et des retraites pour eux et y participait toujours. Après sa première rencontre avec le frère André, il eut toujours une statue de saint Joseph sur sa table.

Cet homme talentueux connut une fin tragique le 17 juin 1932, à l'âge de 51 ans. Il venait de présider une cérémonie au cimetière de la Côte-des-Neiges pour les pompiers morts en service, quand un pétrolier américain, le Cymbeline, fit explosion dans le port de Montréal. Personne ne sut comment, mais le chef Gauthier et trois de ses hommes y perdirent la vie.

Quatre jours plus tard, les corps n'avaient pas refait surface. Le frère André était allé consoler sa femme et ses enfants à la maison. Les pompiers vinrent lui demander de faire quelque chose. Il alla sur la scène de l'accident et pria. Puis il tira deux médailles de saint Joseph de sa poche et les lança à l'eau à l'endroit où son ami était tombé. Les trois autres corps avaient maintenant été retrouvés comme si le chef avait voulu, encore une fois, qu'on s'occupe d'abord des autres. Quelques heures plus tard, le corps remonta à la surface à l'endroit même où les deux médailles étaient tombées. Des milliers de personnes assistèrent à ses funérailles comme pour un héros national.

Raoul Gauthier avait été ami du frère André pendant vingt-trois ans. Par la suite, tout le corps des pompiers resta fidèle au frère André. Les pompiers irlandais l'appelaient: «le saint» ou «l'homme aux miracles» comme le colonel Ham, dans son article de 1921. «Quand vous allez au feu, leur disait-il, occupez-vous du feu. Mais assurez-vous aussi d'avoir une médaille de saint Joseph!»

Léopold Lussier

Un des hommes de Raoul Gauthier, le chef de district Léopold Lussier, fut un autre ami du frère André dans les années 1920. Le frère l'appelait Léo, et Léo devint l'un de ses chauffeurs les plus fidèles. Il fut également l'un des meilleurs témoins au cours du procès de béatification. Il se souvenait avec précision d'une foule d'anecdotes, dont les suivantes.

Quand l'homme aux miracles fut devenu célèbre dans toute la ville, des gens cherchaient à obtenir de lui toutes sortes de faveurs, y compris du beau temps, le dimanche, pour sortir en famille. On lui écrivit même des lettres de menaces comme, par exemple: «Si on n'obtient pas ce qu'on demande, on fera sauter la crypte pendant la messe de minuit de Noël ! » Ce soir-là, trente-cinq pompiers étaient debout dans la crypte et personne ne la fit sauter !

M. Lussier remarqua que le frère André accueillait des membres influents d'autres dénominations religieuses. Des Juifs venaient également se faire guérir. Des francs-maçons se présentaient avec leur insigne bien en vue. Quand ses amis lui faisaient des reproches, le frère André répondait : « Ah ! Une insigne, c'est un petit morceau de tôle. Ne croyez-vous pas qu'un être humain vaut beaucoup plus qu'un petit bout de tôle ? »

Deux dames venaient de Lachine, à l'ouest de Montréal; l'une était catholique et l'autre, protestante. Elles étaient parmi les plus assidues à l'heure sainte et au chemin de la croix. Des juifs participaient aussi à cette prière et y étaient

La fête du travail, le 6 septembre 1925.

bien accueillis. Léopold Lussier disait même que le frère André se montrait plus accueillant envers les non-catholiques.

Il se souvenait aussi que le frère André se réservait toujours le vendredi soir. Il était impossible de l'amener visiter des malades ce soir-là.

Un vendredi, le frère André lui dit : « Vous avez l'air bien triste, ce soir. » — « Ma fille est très malade. Je voulais rester avec elle, mais ma femme m'a dit : "Vas-y quand même. Ça ne fera pas de tort." Alors me voici. » — « Ne vous en faites pas, lui répondit le frère André, nous allons prier pour elle. » Léopold Lussier participa à la prière, mais il avait hâte de retourner chez lui. « Ne craignez rien, répéta le frère André, elle va mieux. »

Après l'heure sainte et le chemin de la croix, l'homme s'empressa de retourner à la maison. Sa femme lui dit : « Viens voir ta fille ! » Il entra et trouva l'enfant qui dansait sur son lit. Comme dans l'Évangile, sa femme et lui se rendirent compte qu'elle s'était sentie mieux au moment où le frère André lui avait dit : « Elle va mieux. »

Léopold Lussier se souvenait aussi de personnes qui ne furent pas guéries. Un homme avait la moitié du visage paralysé. Il vint voir le frère André et ce dernier lui demanda de prier et de se frictionner le visage avec de l'huile de saint Joseph. L'homme le fit durant deux ou trois semaines puis, trouvant le geste ridicule, cessa. « Le pauvre, dit le frère André, il restera peut-être quinze ans comme ça. » Cet homme ne fut pas guéri et il est mort quinze ans et une semaine plus tard.

Photo prise par le colonel Ham au cours de l'été de 1921.

Comme plusieurs amis du frère André, M. Lussier le conduisait en voiture, après cinq heures, dans ses visites aux malades. Ils prenaient le repas du soir ensemble chez lui. Mais le frère André comprenait que son ami avait beaucoup à faire à mesure que la ville se développait. Il devait aussi s'occuper de sa famille à la maison.

Quand il y avait un feu, Léopold Lussier n'avait pas à chercher bien loin pour trouver sa médaille de saint Joseph, il la portait en permanence à sa boutonnière.

Les deux Marin

Oscar Marin fut un autre pompier invité par Raoul Gauthier à participer à l'heure sainte et au chemin de la croix. On disait qu'il était aussi un excellent lecteur. Son fils, Oscar Junior, était pompier comme lui et conduisait le frère André dans sa voiture. Plusieurs membres de leur famille furent guéris.

Le père devint presque aveugle et se brisa la hanche. Les médecins étaient convaincus qu'en raison de son âge, il ne marcherait plus jamais. Le frère André le prit par la main et lui dit : « Papa, c'est un paresseux ! » Il le remit sur ses jambes et l'homme se remit à marcher. Il vécut encore dix ans et marcha jusqu'à la fin. Peu de temps avant sa mort, il montait encore une fois avec sa famille, à l'Oratoire Saint-Joseph.

Un de ses petit-fils, Guy Marin, fut aussi guéri d'une pneumonie alors que le médecin croyait qu'il n'y avait plus d'espoir. Le frère André vint à la maison et frictionna doucement la poitrine de l'enfant qui se mit à respirer normalement et s'endormit. Il était guéri. Le médecin déclara par la suite : « Cet homme est bien plus fort que moi ! »

Une petite fille de sept ans fut guérie de diphtérie, cette maladie contagieuse qui était alors le plus souvent mortelle. Madame Marin fut guérie d'un abcès. Un jour, Oscar Marin vit aussi un Irlandais entrer avec une tache sur le visage. Le frère André lui frotta la figure avec de l'huile de saint Joseph et la tache disparut aussitôt.

Ce qui fascinait surtout Oscar Marin, c'était de voir le temps que le frère André passait à prier. Il se souvenait qu'il passait des heures, immobile, dans la crypte. Il se rappelait aussi que, lorsqu'il le conduisait en voiture, le frère André récitait son chapelet et rien ne pouvait le distraire : ni la pluie, ni la tempête, ni les chemins glacés. Il priait paisiblement, même au milieu d'un orage.

Le chantier de construction derrière la crypte, le 30 juillet 1926.

Antonio Valente

Des immigrants italiens ont commencé à s'établir au Canada dès le début du dix-neuvième siècle. Mais beaucoup d'autres sont venus après la guerre de 1914.

Antonio Valente fut de ceux-là. Il conduisit sa mère voir le frère André à l'Oratoire vers 1920, et devint bientôt l'un de ses grands amis. Un jour, il fut atteint d'une maladie infectieuse et devait être conduit à l'hôpital. Le frère André vint le voir à la maison mais resta à la porte de la chambre. « Personnellement, je n'ai pas peur de la variole, dit-il, mais je ne veux pas transporter de microbes. Ce ne sera pas nécessaire d'aller à l'hôpital, personne ne sera malade ici. » Monsieur Valente fut guéri et personne d'autre, dans sa maison, ne contracta la maladie.

En voyage en Californie, en 1921.

Son épouse souffrit d'une grave tumeur et les médecins s'inquiétaient. Le frère André lui dit : « Vous n'aurez pas besoin d'opération. Valente l'entendit ensuite qui disait à voix basse : « Merci saint Joseph, merci saint Joseph ! »

Antonio Valente reçut le frère André chez lui plusieurs fois, même pendant quelques jours, quand il avait besoin de repos. Il conduisit aussi le frère André dans ses voyages aux États-Unis, l'automne et le printemps. En 1927, il était avec lui à Bennington, au Vermont.

Au début des années 1930, il acheta une ciné-caméra et tourna les vues animées que nous avons du frère André. Incidemment, lors de la béatification à Rome, en 1982, un réseau de télévision diffusa ces images et le commentateur fit observer que c'était la première fois que l'on avait des vues animées d'un bienheureux.

Salvatore Marotta

La sœur d'Antonio Valente fut aussi guérie. Elle avait mis au monde un enfant mort-né et était très malade. Son mari, Salvatore Marotta, la confia au frère André. Ce dernier lui promit qu'elle serait guérie dans deux semaines. Par reconnaissance, Salvatore Marotta devint chauffeur du frère André dans ses visites aux malades.

Habituellement, le frère ne laissait pas ses nouveaux chauffeurs entrer dans les maisons ni dans la chambre des malades. Mais lorsqu'il connut Salvatore Marotta, il lui permit de venir prier avec lui et d'être témoin des guérisons.

Dans ma famille

Avant de terminer ce chapitre, j'aimerais parler des souvenirs de ma propre famille.

Quand elle était jeune, ma mère vivait à Snowdon, un quartier de Montréal situé à moins d'un kilomètre de l'Oratoire Saint-Joseph. Elle était née en 1906 et se souvenait de la chapelle primitive, avant la construction de la crypte, quand elle avait dix ans. L'hiver, elle et ses amis glissaient en traîneaux sur les pentes de l'Oratoire et ne manquaient jamais une occasion de parler au frère André. Il était aimable avec eux comme il l'avait été durant quarante ans avec les élèves du collège Notre-Dame.

Bernard Lafrenière, c.s.c., qui a écrit ce livre.

Ma tante qui vit encore est allée le voir à plusieurs reprises avant ses examens, quand elle était petite. Il la recevait aimablement, lui disait de toujours prier avec confiance, et l'assurait qu'elle n'avait rien à craindre au sujet de ses examens.

Mon oncle, mon parrain, dont le prénom était aussi André, faisait partie de ses amis, même s'il ne l'a jamais conduit en voiture. Durant les années 1920, il participait à l'heure sainte et au chemin de la croix avec d'autres amis du frère André qui avaient à peu près son âge.

Ce qui frappait le plus ma mère, chez le frère André, était sa solide confiance en saint Joseph. Les seules paroles qu'elle pouvait citer de lui étaient : « Pourquoi n'avez-vous pas confiance ? Ayez donc confiance ! » Ces mots rejoignent ceux de l'Évangile où Jésus nous dit qu'il faut toujours prier et ne jamais nous lasser, en nous proposant comme modèles l'ami importun et la veuve importune. [1]

Un jour, ma mère entra dans la crypte pour prier. Le frère André était à sa place habituelle, agenouillé derrière la statue de saint Joseph et parfaitement immobile. Elle le regarda pendant cinq minutes, puis dix minutes et quinze minutes, et il ne bougeait pas. Elle se dit en elle-même : « Il doit être mort.» Après être restée encore quelque temps, elle décida d'aller sonner à la porte de la résidence. Quand le père Clément lui ouvrit, elle lui dit : « Je pense que le frère André est mort. » — « Est-ce qu'il est tombé ? » — « Non, il est à genoux mais il ne bouge pas. Cela fait plus d'une demi-heure qu'il ne bouge pas ! »

Le père Clément s'éclata de rire : « Ne t'inquiètes pas, Jeanne, il est toujours comme ça quand il prie. »

Photo prise par Jack Doran près de San Pedro, Calif., le 21 nov. 1921.

---

[1] L'ami importun : Luc 11, 5-10; et la veuve importune : Luc 18, 1-8.

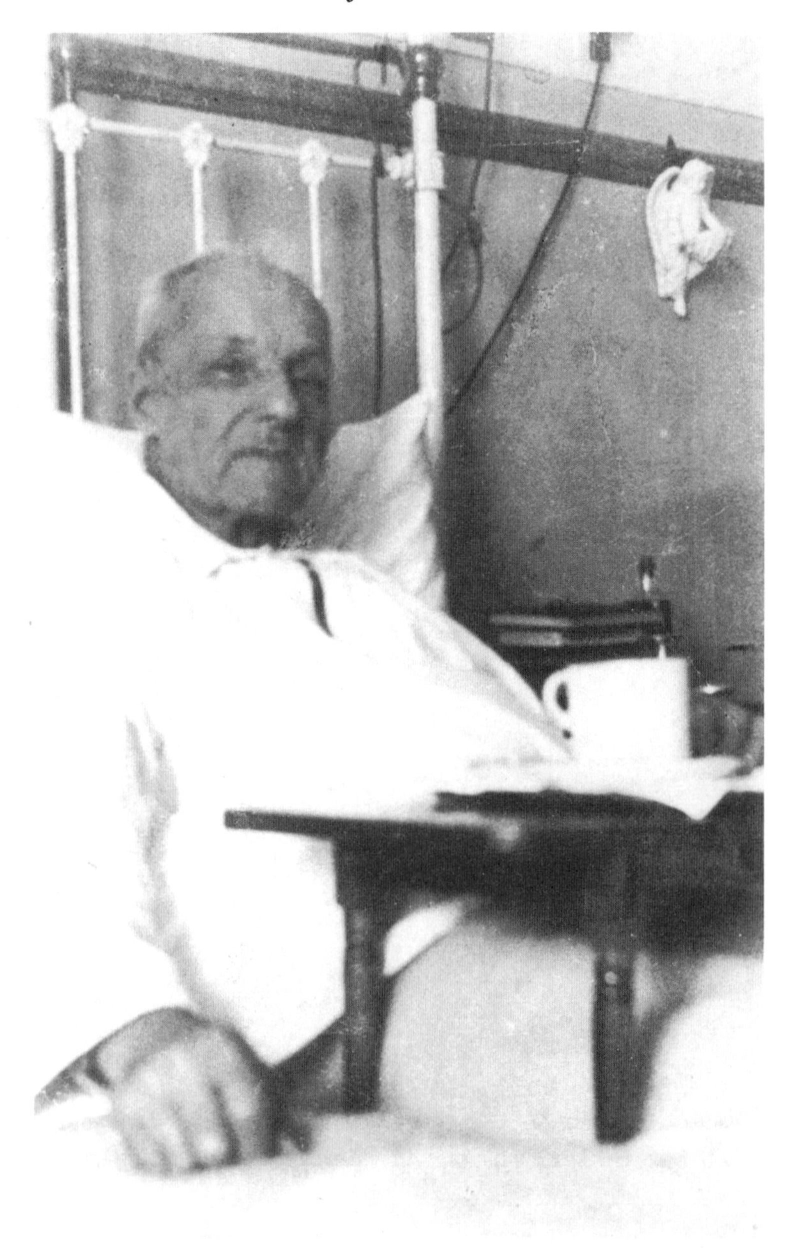

Mort et reconnaissance

Ses derniers jours

En décembre 1936, un mois avant sa mort, le frère André continuait d'être actif malgré ses 91 ans. Avec son ami Azarias Claude, le 8 décembre, il visita les malades comme il l'avait fait depuis plus de vingt-cinq ans. Comme d'habitude, il mangea avec la famille de son chauffeur. Une photo fut prise dans la soirée. Le frère André était de bonne humeur. Mais quelques semaines plus tôt, le docteur lui prescrivit un temps de repos. Il monta en voiture avec un de ses amis pour se rendre à Ottawa, où il passa une semaine chez M. et Mme Philias Laurin, une famille qu'il connaissait bien. Par l'ancienne route, Ottawa était à 200 kilomètres de Montréal.

En octobre 1936.

Comme toujours, le premier souci du frère André fut pour les malades. Une file s'était formée devant la porte quand il arriva et il voulut les accueillir un à un, même s'il savait qu'en les accueillant ainsi, d'autres viendraient. Dans une entrevue publiée dans les journaux après sa mort, les

Laurin disaient au journaliste que malgré son âge, malgré la fatigue du voyage, et malgré ses maux d'estomac, le frère André les reçut avec plaisir. Il était de bonne humeur. Après une semaine, il retourna à son bureau, à l'Oratoire.

Une petite-nièce du frère André était là qui l'attendait. Elle se préparait à entrer chez des religieuses dont le noviciat

Le collège Notre-Dame et les alentours en 1937.

était à Burlington, au Vermont. Le frère André parla avec elle des membres de sa famille, qu'il aimait bien. Puis il lui dit : « Si tu veux te faire religieuse, assure-toi que tu en feras une bonne ! » Elle ne l'a jamais oublié.

Le 24 décembre, il alla visiter Antonio Valente.

Noël, en 1936, tomba un vendredi. Comme tous les vendredis, le frère André resta à la maison. Il passa un bon moment devant la crèche, une scène qu'il a toujours aimée.

Le samedi, il accueillit parmi ses visiteurs un homme découragé dont la vie et la fortune avaient été ruinées par des gens malhonnêtes. Le frère André passa quelque temps avec lui et lui expliqua qu'il ne faut jamais se décourager. « Dieu y pourvoira, mon bon ami. Vous ne manquerez jamais de rien. » L'homme fut réconforté. Il reprit confiance et retourna au travail.

Le dimanche, le frère André accueillit des gens à son bureau, comme il le faisait tous les dimanches. Un homme insistait plus que les autres. Sa petite fille de huit mois était mourante. Le frère André lui dit : « Priez pour que la volonté de Dieu soit faite. Vous ne savez pas ce que cette enfant deviendra. Si elle revient à la santé, cela dépendra de saint Joseph et non pas de moi. » Mais l'homme continuait d'insister et, le soir, le frère André alla, avec Joseph Pichette, voir l'enfant. La petite fille fut sauvée : saint Joseph avait

Durant la crise économique, l'Oratoire resta inchangé jusqu'en 1937.

décidé de la guérir. Le frère André visita ensuite un ami de M. Pichette qui était malade. Il prit le repas du soir chez les Pichette, puis alla visiter un autre homme à Saint-Laurent, la banlieue située à cinq kilomètres au nord du mont Royal, où la congrégation de Sainte-Croix s'était établie en 1847.

Joseph Pichette raconta plus tard que l'asphalte était couverte de neige. Comme ils passaient devant l'hôpital de Saint-Laurent, l'auto glissa. Avec sa vivacité habituelle, le frère André lui dit : « N'entrez pas à l'hôpital en voiture : les pauvres sœurs seraient trop surprises ! » Son ami reprit : « Oh ! Je suis sûr que, pour vous, si vous les prévenez à l'a-vance, elles ouvriront leurs portes encore plus grandes ! » Les deux hommes rirent de bon cœur et le frère André reprit : « Elles sont tellement attentives et dévouées. Et puis c'est un endroit paisible. » Il y était entré souvent pour visiter des malades. Après un temps de silence, il ajouta : « Ce serait une belle place pour mourir ! »

L'homme qu'ils étaient venus voir à Saint-Laurent était déjà sur pied. Selon son habitude, le frère André lui demanda : « Comment allez-vous ? » — « Je suis en pleine forme, répondit l'homme, depuis 10 h 30, ce matin. Je me suis senti mieux quand le supérieur m'a dit que vous alliez venir. » Comme il le faisait souvent, le frère André s'assit et causa un peu.

Pichette le reconduisit à l'Oratoire, et comme il l'avait fait tant de fois, il entra pour prier dans la crypte avec le frère André avant de retourner chez lui.

Lundi, le 28 décembre, le frère André avait ce qui semblait être une grippe. Il faisait de la fièvre. Le médecin lui dit de rester à la maison et ne pas aller à son bureau. Mais durant la nuit du 30 au 31, il sonna sa clochette. Le prêtre qui habitait dans la chambre voisine se leva pour voir ce qu'il y avait. Le frère André avait froid. Il tremblait et lui dit : « Ma jambe droite est comme au pôle nord. »

À l'hôpital

La veille du Jour de l'An, le supérieur provincial, le père Alfred Charron, le supérieur de l'Oratoire, le père Albert Cousineau, et le docteur Lionel Lamy décidèrent de faire transporter le frère André à l'hôpital de Saint-Laurent, le seul endroit où il pourrait vraiment se reposer. Quelques moments avant son départ pour l'Hôpital, les sœurs amenèrent à sa chambre une des leurs qui s'était fracturé un bras en tombant sur la glace, afin qu'il puisse la réconforter. Habituellement, il n'aimait pas que les sœurs entrent dans sa chambre, mais il la reçut aimablement et lui dit qu'elle n'avait rien à craindre. C'était la dernière fois qu'il accueillait une personne malade à l'Oratoire. Puis l'un de ses amis, Paul

La vieille section de l'hôpital de Saint-Laurent en 1937.

Corbeil, le conduisit à l'hôpital. Ils le firent en soirée afin que la nouvelle ne se répande pas et qu'il puisse se reposer.

Avec son ami Paul Corbeil.

Le père Cousineau vint le lendemain et lui demanda : « Est-ce que vous souffrez ? » — « Oui, répondit le frère André. Mais je remercie le bon Dieu de me donner cette occasion de souffrir. J'en ai tellement besoin ! La souffrance est une bonne chose, dit-il. Ça nous fait penser à notre vie passée pour nous reprendre par le repentir et la conversion. » Puis il se pencha vers le père Cousineau et lui dit : « Priez pour ma conversion. » Son supérieur sourit, puis ils parlèrent de l'Oratoire. Le père Cousineau venait d'écrire à ses supérieurs pour demander la permission d'emprunter une somme considérable pour finir le toit de la basilique. « Ça va réussir, dit le frère André, la basilique sera achevée. » Il semblait heureux et répéta cette phrase une seconde fois.

Le dimanche, 3 janvier, il ressentit une douleur au bras droit. Il sentait que la fin approchait et dit : « Le grand Tout-Puissant s'en vient. » On permit seulement à ses meilleurs amis de lui parler et de réciter le chapelet avec lui comme ils l'avaient fait si souvent ensemble.

Le lundi, son bras droit était complètement paralysé. Son ami Paul Corbeil, qui l'avait conduit à l'hôpital, vint le voir. Mais il pouvait à peine parler. Il était calme mais souffrant, et priait en silence. Au dehors, sa maladie faisait les manchettes de tous les journaux. Des milliers de gens priaient pour le frère André.

Ce soir-là, cependant, il était content et parla plus que de coutume avec la religieuse qui veillait à son chevet. « Vous ne savez pas tout le bien que le bon Dieu fait à l'Oratoire. Dieu est tellement puissant. Et il raconta encore des guérisons, surtout celles qui comportaient une conversion. Puis il dit : « Voyez comme Dieu est puissant ! Comme il est bon ! Comme il est beau et puissant ! Il doit être beau, en effet, puisque l'âme, qui n'est qu'un reflet de sa beauté, est si belle ! »

Puis il parla de l'Église d'Espagne et du pape Pie XI, qui était aussi très malade. Quand la douleur était plus intense, il répétait : « Mon Dieu ! Mon Dieu ! » Il répétait aussi une prière apprise bien des années plus tôt : « Ô Marie, ma douce Mère et Mère de mon doux Sauveur, protégez-moi, aidez-moi ! » Il disait aussi : « Comme je souffre. Mon Dieu, mon Dieu. » Puis ce fut sa dernière parole : « VOICI LE GRAIN... »

Voulait-il parler du grain de moutarde, la plus petite de toutes les semences qui produit un grand arbre ? [1] Ou encore du grain de blé qui doit mourir pour donner du fruit en abondance ? [2] Les deux représentent bien sa vie et son œuvre sur le mont Royal. Puis il tomba dans le coma. Il était quatre heures du matin.

---

[1] Matthieu 13, 31-32 ; Marc 4, 30-32 ; Luc 13, 18-19.
[2] Jean 12, 24.

Le jour suivant, les médecins savaient qu'il allait mourir. Et comme les visiteurs ne pouvaient plus le fatiguer, ils permirent à des amis, parents et voisins d'entrer le voir. Tous savaient qu'ils étaient en présence d'un saint et certains lui faisaient toucher des objets qu'ils pourraient conserver comme reliques. La nuit suivante, des jeunes religieux frères et prêtres, dont plusieurs sont encore vivants, furent appelés à veiller à son chevet. Émus, ils priaient pour celui qui avait enseigné à prier à des milliers de personnes.

En soirée, il devint évident que la fin était proche. Le père Cousineau resta avec les jeunes religieux qui devaient se succéder auprès de lui, mais qui décidèrent de rester jusqu'au dernier moment. Sa respiration était de plus en plus faible. À minuit et cinquante minutes, il s'éteignit doucement. C'était le matin du 6 janvier 1937.

Comme c'était la fête de l'Épiphanie, les journaux n'étaient pas publiés ce jour-là. Mais la radio diffusa la nouvelle partout, et dès le matin, tout le monde savait que le frère André était décédé.

L'hôpital de Saint-Laurent, le matin du 6 janvier 1837.

On conserve son cœur, et son corps n'est pas embaumé

En plus de fixer la date et l'heure des funérailles, deux décisions un peu inhabituelles furent prises. La première était de ne pas embaumer son corps, et l'autre, de conserver son cœur.

Conserver le cœur d'une personne n'est pas une coutume nord-américaine. Quand j'étais jeune et que je vivais tout près de l'Oratoire, mes amis et moi trouvions la chose étrange. Pourquoi l'archevêque de Montréal avait-il demandé que son cœur soit conservé ?

Il suivait une coutume européenne : en Italie et en France, notamment, on conservait le cœur de personnes célèbres. Au sens biblique, le cœur exprime l'amour, la générosité, tout ce qui inspire dans la vie d'une personne. Ainsi, en Europe, on conservait le cœur des princes, des grands généraux, des bienfaiteurs de la nation. Le cœur de tous les rois de France ont été conservés. Mgr Georges Gauthier prit cette décision au moment où une foule de gens réalisaient à quel point le frère André les avait aimés.

Depuis lors, il a été quelquefois suggéré de le remettre dans le tombeau, mais le public n'était pas d'accord. Il est donc conservé au musée du frère André, sous un éclairage tamisé, et des gens nombreux s'y arrêtent pour un temps de prière et de réflexion.

En mars 1973, pour des raisons inconnues, des voleurs s'en sont emparés. Un an et demi plus tard, un appel anonyme indiqua à la police l'endroit où il était. Il a donc repris sa place au musée.

Sur son tombeau : « Pauvre, obéissant, humble serviteur de Dieu. »

Chaque jour encore, des gens s'y arrêtent pour prier comme on le fait au tombeau, près de la crypte. Dans la prière, les gens s'adressent à lui comme s'il était encore vivant. Il n'est pas rare de trouver dans le courrier des phrases comme : « Je suis allé voir le frère André et je lui ai dit : "Faites quelque chose, aidez-moi." » Et des gens très nombreux nous rapportent des faveurs obtenues.

L'autre décision qui fut prise le matin du 6 janvier était de ne pas embaumer le corps. Le père Albert Cousineau expliqua ce geste, plus tard, comme un véritable acte de foi.

Il avait été décidé que le frère André serait exposé jour et nuit dans la crypte jusqu'au septième jour, c'est-à-dire jusqu'au matin du 12 janvier dans un cercueil ouvert au milieu de la foule. Or, il avait répété souvent durant sa vie, à la suite des pères Jacques Dujarié et Basile Moreau : « *Deus providebit,* Dieu y pourvoira. » Comme de telles expressions de foi étaient caractéristiques du frère André durant toute sa vie, on confia à Dieu la garde de son corps. Cette décision s'avéra juste et son corps fut facilement gardé jusqu'au 12 janvier.

Le retour à l'Oratoire

Dès le matin du 6 janvier, une foule nombreuse s'était rassemblée devant l'hôpital de Saint-Laurent. Les servants de messe de la paroisse, les enseignants des écoles et des collèges de Sainte-Croix, ainsi que plusieurs de ses meilleurs amis se pressaient devant la porte. Les sœurs qui dirigeaient l'hôpital n'eurent d'autre choix que de les laisser entrer. Tous voulaient le voir une dernière fois et cela dura jusqu'à trois heures de l'après-midi.

Des amis du frère André portaient son cercueil.

Puis son corps fut placé dans un petit cercueil de bois recouvert de drap noir et ramené, dans un corbillard, à l'Oratoire.

La foule qui s'était rassemblée devant l'hôpital suivit en procession dans les rues enneigées de la ville, pendant que les cloches des églises sonnaient le glas. Quelques centaines d'élèves du collège de Saint-Laurent, encore en congé de Noël, décidèrent de se joindre au cortège malgré la pluie, le vent et le froid. La longue procession défilait en priant pendant que les gens, sur le trottoir, se rassemblaient pour le voir passer une dernière fois.

Il fallut une heure et demie pour parcourir les cinq kilomètres de Saint-Laurent au sanctuaire du mont Royal.

Quand la foule entra dans la crypte, le père Cousineau demanda au jeune frère Ubald Parr : « Avez-vous votre livre d'office ? » — « Oui, père. » – « Prenez le Magnificat, dit-il, nous allons chanter le Magnificat. » Alors la chorale chanta des psaumes, puis il s'adressa à la foule en exprimant les sentiments de tous. Il le fit brièvement. Ensuite, toute la foule chanta le Magnificat, le chant biblique de la Vierge Marie, l'hymne de la reconnaissance et de l'humilité.

En chapelle ardente

Dehors, la pluie fine s'était changée en verglas, puis en flocons de neige soufflés par le vent. C'était au pire de l'hiver. Pourtant, du 6 au 12 janvier, une foule innombrable défila auprès du cercueil du frère André.

Deux photos de l'Oratoire prises entre le 6 et le 12 janvier 1937.

Les pompiers de Montréal, depuis longtemps ses amis, assuraient le service d'ordre. Ils voyaient à ce que la foule avance sans arrêt près du petit cercueil de bois. L'un des meilleurs amis du frère André, Arthur Ganz, décida de prendre sa place dans la foule et de suivre à son tour comme tout le monde. Il mit quatre heures pour aller du pied de la montagne au cercueil du frère André.

Le lendemain, 7 janvier, un quotidien de Montréal titrait en première page : « Un million de personnes défileront auprès de la dépouille du Frère André. » Le journaliste avait compté que cent dix personnes à la minutes entraient et sortaient de la crypte. Il multiplia ce chiffre par le nombre de minutes en sept jours et nuits, et conclut qu'un million de personnes allaient venir. Comme la foule ne cessa pas d'augmenter, nous savons aujourd'hui que ce chiffre fut atteint. Le matin des funérailles, il était clair que la plupart des gens ne pourraient pas entrer. Les pompiers transportèrent donc le cercueil à l'extérieur pour que la foule puisse au moins l'apercevoir une dernière fois de loin.

EDITION QUOTIDIENNE — La Patrie — 2c

UN MILLION DE PERSONNES

défileront auprès de la dépouille du Frère André

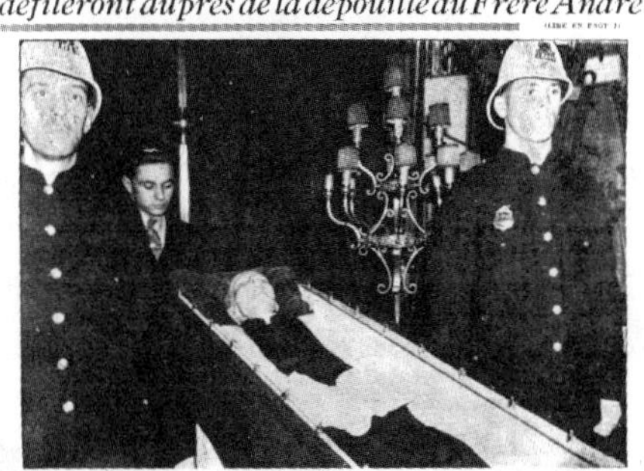

On n'avait jamais rien vu de pareil. Le frère André avait non seulement accueilli des milliers de gens à son bureau, mais en visitant les familles chaque soir depuis plus de vingt-cinq ans, il était entré dans la plupart des foyers. Il avait parlé à tous ces gens. Il était entré dans l'intimité de leur chambre, de leurs maladies, de leurs disputes, de leur pauvreté et de leurs souffrances. Tous réalisaient combien il les avait aimés et chacun voulait lui rendre une dernière visite comme on le fait pour un ami très proche. Le dur hiver ne faisait qu'amplifier leur reconnaissance : ni le froid, ni le vent, ni la pluie, ni la neige, rien ne pouvait les retenir à la maison.

Des trains spéciaux furent ajoutés aux horaires réguliers au pays et en Nouvelle-Angleterre, où il avait visité des familles, le printemps et l'automne. Avec un pareil afflux de visiteurs étrangers, les services de transport de Montréal étaient littéralement débordés. Des tramways supplémentaires furent ajoutés aux principales lignes, surtout à celle qui contournait le mont Royal.

Une trentaine de quotidiens américains publièrent la nouvelle de la maladie du frère André avant sa mort. Personne ne sait combien d'articles furent publiés après sa mort, mais les archives de l'Oratoire ont conservé 860 coupures de

Une photo tiré du film de 1986 sur le frère André.

journaux non seulement du Canada et des États-Unis, mais de toutes les grandes villes, comme le *Figaro* de Paris et le *Times* de Londres. Les agences de nouvelles envoyèrent des correspondants pour publier, chaque jour, des articles et des reportages à travers le monde.

Le réalisateur d'un film sur le frère André trouva, en 1986, ses meilleurs films d'archives à Hollywood. Des films de nouvelles circulaient alors régulièrement dans les salles de cinéma, et ces gens-là étaient venus tourner des images pour les diffuser dans la plupart des grandes villes.

La béatification

Les autorités de l'Église savaient depuis longtemps que le frère André était un candidat à la canonisation. Les premières mesures furent donc prises, à cette fin, peu après sa mort. On conserva des objets mis à son usage pour servir de reliques.

Henri-P. Bergeron, c.s.c.

Un jeune prêtre qui était à son chevet au moment de sa mort, le père Henri-Paul Bergeron, rédigea sa biographie. Il rassembla ainsi une somme importante d'information de première main. Son livre se vend encore à près de cent mille exemplaires tous les trois ans.

Selon la coutume, des affiches furent placées aux entrées des églises, demandant qu'un exemplaire de ses écrits soient remis aux autorités ecclésiastiques de manière à vérifier si sa doctrine était en accord avec la foi chrétienne. Mais comme le frère André écrivait peu, cette enquête fut brève : on trouva tout au plus quelques signatures de sa main, ainsi que deux lettres qu'il avait dictées et envoyées à sa famille au temps de son entrée en Sainte-Croix.

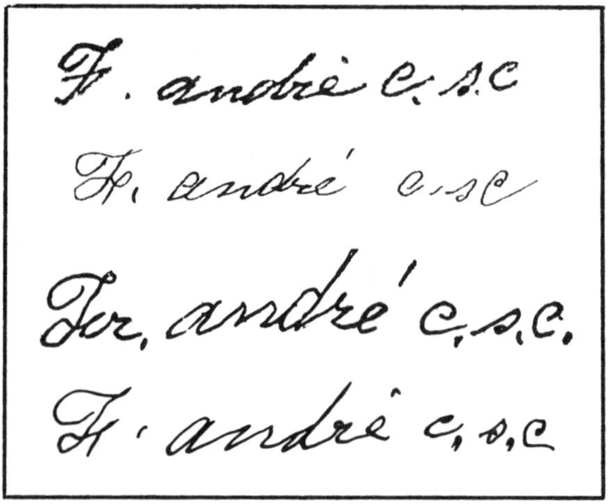

Quelques signatures du frère André.

La plus longue partie du procès de béatification porta sur sa vie. On demandait : « A-t-il vécu la foi, l'espérance et la charité ? A-t-il pratiqué et proposé la prudence, la justice, la force, la tempérance, ainsi que les autres vertus comme le fait un modèle de vie chrétienne ? A-t-il été fidèle à ses vœux de pauvreté, de chasteté et d'obéissance comme religieux de Sainte-Croix ? » En ce cas, l'Église devait chercher des signes de Dieu afin de le proclamer bienheureux, et saint.

Le but premier pour interroger des témoins, comme on le fait dans un procès, est de recueillir le plus possible d'information précise sur un serviteur de Dieu, afin qu'il puisse être bien connu des générations à venir.

Une cinquantaine de témoins se soumirent donc à une longue série de questions à Montréal, au Québec, en Ontario, et même dans le Rhode Island, puisqu'il y avait passé deux semaines par année, le printemps et l'automne. Les réponses des témoins comprenant des milliers de pages furent déposées à Rome au cours de l'été de 1950. C'était la partie la plus importante des procédures. Le but de tout le reste était de vérifier les déclarations des témoins.

À Rome, on prit le temps de comparer les déclarations de chacun des témoins, puis on rechercha de l'information additionnelle. Le promoteur de la foi, parfois appelé aussi l'avocat du diable, écrivit ses objections et ses remarques, puis les avocats du frère André apportèrent les réponses. Enfin, le 9 novembre 1960, le pape Jean XXIII promulgua le décret d'introduction officielle de la cause du frère André en cour de Rome.

L'étude complète fut ensuite reprise sous l'autorité du pape. Les témoins qui vivaient encore furent cités à la barre une seconde fois. De nouveaux témoins furent appelés à répondre à des questions plus spécifiques. Ceci dura deux ans, de 1962 à 1964.

L'Église prend le temps qu'il faut dans les procédures de béatification. Une loi demande même que l'étude finale sur les vertus d'un Serviteur de Dieu ne soit pas commencée avant que 50 ans ne se soient écoulés depuis sa mort. À la demande des évêques canadiens, le frère André fut dispensé de cette loi, parce qu'il était tellement connu. L'étude finale eut lieu quarante ans après sa mort.

L'avocat du diable soumit alors ses remarques et les avocats du frère André fournirent les réponses. À la fin, neuf juges indépendants devaient répondre à la question : « Faut-il proposer le frère André comme modèle de vie chrétienne ? »

La réponse habituelle à cette question peut être un oui ou un non. Mais quand ils disent oui, les juges indiquent habituellement le point le plus faible du dossier à leur point de vue ; et quand il a accord entre eux, il peut arriver qu'on demande de l'information supplémentaire. Mais dans le cas du frère André, chacun des neuf juges, sans se consulter et sans connaître l'identité des huit autres, a répondu oui sans indiquer un seul point faible. C'est pourquoi on a dit que le frère André avait réussi son examen, selon l'expression latine, « *Summa cum laude* », ce qui veut dire avec la plus haute distinction. Nous avons toutes les raisons d'être fiers de notre frère André.

Le Pape Jean-Paul II.

Le pape Paul VI l'a reconnu officiellement comme un modèle remarquable de vie chrétienne le 12 juin 1978. Ce faisant, il le déclarait « vénérable ».

Moins de quatre ans plus tard, le dimanche 23

La béatification du frère André à Rome, le 23 mai 1982.

mai 1982, le pape Jean-Paul II présidait sa béatification en présence de plus de trente mille pèlerins rassemblés sur la place Saint-Pierre, à Rome. La fête du Bienheureux Frère André est maintenant célébrée chaque année le 6 janvier.

L'orgue de la basilique de l'Oratoire Saint-Joseph.

Épilogue

Terminons en citant une lettre reçue en 1981, à peine un an avant la béatification du frère André. Ce cas n'a pas été reconnu comme un miracle par l'Église ; il faut donc parler ici simplement de guérison ou de faveur obtenue. De plus, il n'est pas aussi spectaculaire qu'une guérison instantanée. C'est pourtant un très bon exemple de prière confiante et persévérante, malgré toutes les circonstances, ainsi que de la manière dont le frère André répond à cette prière. [1]

Le 5 novembre 1965 un terrible accident secoua la famille Delton. John A. Delton et Larry S. sortaient du restaurant Big Boy sur l'avenue du Capitole à Milwaukee, dans l'État du Wisconsin, après avoir terminé leur travail à la station-service Ewald de la rue Burleigh, à 23 h 30. Ils rencontrèrent deux couples d'adolescents qui se poursuivaient au volant de leur voiture. Ils arrivaient à un feu de circulation. John, un étudiant de dix-sept ans, voulut les éviter par la droite, mais la Chevrolet grise de l'un des jeunes frappa le côté gauche de sa Plymouth noire et John perdit le contrôle. Sa voiture glissa et alla donner violemment contre un arbre, sur la portière du chauffeur.

Comme il ne portait pas de ceinture de sécurité, il fut projeté contre le volant. Son ami ne fut pas blessé mais John

---

[1] Nous remercions Mme Phyllis Delton qui nous a permis de publier la guérison de son fils telle qu'elle nous l'a racontée en 1981. Elle ajoutait : « Pourquoi cacher les faits et les circonstances de la guérison de John ? Nous pensons que le monde entier devrait le savoir. »

eut un poumon perforé. L'hémorragie remplit la trachée de sang, coupant l'entrée d'oxygène au cerveau ; le poumon s'affaissa et de l'air s'infiltra dans le thorax. Il subit aussi des blessures internes à l'estomac et aux reins.

Il fallut employer des tiges de fer pour le dégager avant de le conduire d'urgence à l'Hôpital Général du comté à minuit et quinze, le 6 novembre.

Même s'il était inconscient, l'aumônier lui donna l'onction des malades, mais pas un de ses muscles ne bougeait.

Des médecins le virent et le déclarèrent déjà mort. Mais un chirurgien voulut tenter une dernière chance et obtint une autorisation signée de sa tante à 1 h 20. Il pratiqua la trachéotomie pour retirer le sang et injecter de l'air. Le temps écoulé depuis l'accident était trop long pour éviter tout dommage au cerveau. Le docteur nota que John était bleu et sans signe de vie, mais dès que le tube fut inséré dans la trachée, il se mit à respirer. À ce moment-là, l'autre poumon aussi était affaissé. Cinq médecins étaient présents.

John resta sur la table d'opération depuis cinq heures jusqu'à la visite de ses parents, à dix heures. Il était terrible à voir. Il avait des coupures au bras droit, du coude au poignet. On lui avait mis des tubes à l'estomac, au poumon gauche et aux reins. Le pronostic était réservé et le médecin expliqua que des blessés moins graves ne survivaient pas.

Dimanche, le 7 novembre, son état demeurait stable. Le lendemain, cependant, il avait une pneumonie double.

Le mardi, son état se détériorait et on lui donna encore l'onction des malades. On le plaça sous une couverture froide car sa température était grimpée à 106 degrés (41°C).

Le frère André peu avant son 84e anniversaire du 9 août 1929.

Le mercredi, il allait de plus en plus mal et le médecin appela la famille pour les prévenir qu'ils devaient s'attendre à sa mort. Ses parents, Frank et Phyllis Delton, entreprirent les premières démarches en vue de ses funérailles.

Ce jour-là, *il n'y avait plus d'espoir,* mais Phyllis Delton et son amie, Marie S., se rappelèrent de leur visite à Montréal, à l'Oratoire Saint-Joseph, l'année précédente. En voyant ainsi l'état de John se détériorer, elles se sont dit: « Demandons de l'aide au frère André. » Elles prirent donc une médaille de saint Joseph et firent le signe de la croix avec de l'huile sur les mains, les pieds et le front de John en priant. Sa mère promit de faire un pèlerinage à Montréal et d'aller à la messe trois jours de suite en action de grâces, si c'était la volonté de Dieu que John vive sans dommage au cerveau.

Le père Marcel Lalonde, c.s.c., était alors recteur de l'Oratoire.

Le vendredi, ses poumons, son estomac et ses reins saignaient encore. Sa mère le voyait tous les matins à six heures. Il recevait des transfusions de sang et souffrait d'un ulcère.

La semaine suivante, il ne fit aucun progrès mais son état demeurait stable. Tout ce que ses parents pouvaient faire était de continuer à prier pour lui et d'inviter tout le monde à prier avec eux. Dix jours après l'accident, les Delton reçurent une lettre de l'Oratoire de Montréal, au

Canada ; un religieux leur promettait qu'on ferait une neuvaine à saint Joseph et au frère André pour John.

Le jeudi suivant, le 18 novembre, près de deux semaines après l'accident, le médecin déclara qu'un miracle s'était produit et que la radiographie ne révélait plus aucune trace d'ulcère. La famille se remit à prier avec une confiance renouvelée.

Le jeudi, John ouvrit les yeux de 10 h 20 jusqu'à midi. L'après-midi, le médecin déclara qu'il allait lui faire une injection en vue de prendre une radiographie du cerveau, afin de voir ce qu'on pouvait faire pour soulager son mal. L'angiogramme réalisé le lendemain amena les médecins à dire que son inconscience avait vraiment été causée par le manque d'oxygène au cerveau.

Malgré cette opinion, au début de la semaine suivante, la mère de John continua de prier et fit même des exercices avec lui selon les conseils d'un thérapeute. « Il me semblait que je pouvais entrer en relation avec John », disait-elle. Il commençait à répondre en ouvrant et en fermant les yeux.

Le 21 novembre, John quitta la salle des soins intensifs. Ses parents notèrent que tout son côté droit, y compris le bras et la jambe, était paralysé.

Jeudi le 25 novembre, fête de l'Action de grâces, les Delton allèrent le voir dans l'après-midi. Mais tout ce qu'il pouvait faire était de les regarder sans dire un mot.

Janie, sa sœur, et sa mère allèrent le voir un matin et le trouvèrent assis dans une chaise, retenu par des courroies. Sa tête tombait d'un côté et de l'autre, il était terrible à voir.

Le samedi, trois semaines après l'accident, John commença à dire oui en serrant dans sa main gauche la main de sa mère. Elle réussit à lui donner à boire et demanda au médecin si elle pouvait lui faire avaler de la soupe, parce qu'il avait maigri.

La basilique de l'Oratoire Saint-Joseph fut terminée en 1966.

Le 5 décembre, un mois après l'accident, John apprit à boire avec une paille. Il apprit également à dire oui et non d'un signe de la tête. Les jours suivants, il apprit quelques mots.

Six semaines après l'accident, John fut transféré dans une autre section de l'hôpital. Ses parents étaient découragés d'entendre les infirmières le traiter d'idiot buté. Et puisque sa température était montée à plus de 106 degrés (41°C) alors qu'il était aux soins intensifs, les médecins étaient convaincus qu'il avait subi un dommage au cerveau. Sa mère lui apporta de la nourriture le 16 décembre, mais sa température monta encore à 99,2 degrés (37,3°C). Il était clair qu'il était incapable de faire aucun effort.

Le 18 janvier, un mois et demi après son accident, John quitta l'hôpital et revint à la maison. Ses parents disposèrent les meubles de manière à ce qu'il puisse se traîner de sa chambre à la salle de bain. Personne ne savait jusqu'où son état allait s'améliorer.

Au sortir d'un examen, le 24 janvier, le médecin nota : « Ce patient a fait des progrès remarquables et ne manifeste aucun trouble d'élocution. » Pendant les six mois suivants, il se soumit à des traitements de physiothérapie, d'ergothérapie et d'orthophonie.

En septembre 1966, moins d'un an après son accident, John retourna à l'école secondaire et termina son cours en juin 1967. Cinq ans plus tard, il acheva son baccalauréat en sciences de l'éducation à l'université de Oshkosh, dans l'État du Wisconsin.

Lorsque son cas fut signalé à l'Oratoire Saint-Joseph, le 6 juin 1981, John occupait le poste de conseiller auprès des élèves dans une école. Une lettre plus récente nous indique qu'en 1990, il est toujours à la même école et qu'il remplit la même fonction depuis dix ans.

Le Pape Jean-Paul II en prière au tombeau du bienheureux frère André lors de sa visite au Canada, le 11 septembre 1984.

Une position de foi

Cette histoire fait écho à des centaines de lettres reçues chaque année à l'Oratoire, ainsi qu'à de nombreux faits survenus du temps du frère André.

Certaines guérisons sont plus spectaculaires, comme lorsqu'elles se produisent instantanément au tombeau du frère André. Certains cas sont officiellement reconnus par l'Église et d'autres le seront selon des critères bien établis.

La guérison physique est constatée par la science médicale. Mais il faut éviter de fonder notre foi chrétienne sur la science. La science ne PROUVE ni le miracle, ni même l'existence des miracles, car ces derniers sont des *signes* et non des *preuves* du Dieu vivant.

En fait, personne n'a jamais prouvé l'existence de Dieu d'une manière telle que tous en soient convaincus ; d'autre part, aucun régime athée, aussi puissant qu'il soit, n'a jamais réussi à démontrer sa non-existence.

La foi est un don et un choix libre comme l'amour. Les signes que Dieu donne ne sont visibles que par les yeux de la foi, comme les signes d'affection et d'amour ne sont perceptibles que par un être capable d'aimer.

L'amour de Dieu est de toujours, et ses signes ont été donnés à chaque génération. Quels que soient nos besoins ou nos situations, quels que soient nos échecs, en dépit des opinions médicales et du temps qui passe, des croyants de partout prient, espèrent et agissent avec confiance, et constamment, leur prière est exaucée.

Les plans des architectes Viau et Venne (ci-dessus) en 1926, de Dom Paul Bellot en 1937, et de Gilbert Moreau en 1954. Deux vues de 1924.

L'Oratoire Saint-Joseph aujourd'hui.

Index

* L'astérisque indique les pages où se trouvent des photos.